BRUCKMANNS LÄNDERPORTRÄTS

Das Elsass

»Toi le frère que je n'ai jamais eu – Du, der Bruder den ich niemals hatte ...« In so manchen Studentenbuden klang dieser Schlager von Maxime le Forestier aus den Lautsprechern der Anlage. Was das mit dem Elsass zu tun hat? Nichts eben, und das ist der Punkt, unabhängig vom Schlager. Denn die Zeiten, in denen sich die Brüder links und rechts des Rheins als solche gesehen haben, sind vorbei. Oder hat es den Bruder wirklich nie gegeben?

Zeno von Braitenberg

ELSASS

Udo Bernhart · Zeno von Braitenberg

BRUCKMANN

Inhalt

Lorraine
FRANKREICH
Lorraine
DEUTSCHLAND
Baden-
Württemberg
SCHWEIZ
Franche-
Comté
PARC REGIONAL
DES VOSGES
DU NORD
Forêt
de
Haguenau
Oermingen
Keskastel
Domfessel
Sarre-
Union
Tieffen-
bach
Wingen
Wimmenau
Wolfskirchen
Drulingen
La Petite-
Pierre
Fleckenstein
Grd Wintersberg
580 m
Lembach
Wissembourg
Berg
Seebach
Niederbronn
Hunspach
Lauterbourg
Froesch-
willer
Woerth
Soultz
Hoffen
Surbourg
Hatten
Nieder-
roedern
Gundershofen
Betschdorf
Seltz
Ingwiller
Pfaffenhofen
Bouxwiller
Haguenau
Soufflenheim
Roppenheim
Rastatt
Hattmatt
Hochfelden
Bisch-
willer
Sessenheim
Sarrebourg
Dettwiller
Weitbruch
Saverne
Canal de la Marne au Rhin
Brumath
Drusenheim
Haut-Barr
Schwenheim
Marmoutier
Truchtersheim
Weyersheim
Rhein
Willgotheim
Obersteigen
Marlen-
heim
Wiwersheim
Wantzenau
Wasselonne
Schneeberg
960 m
Westhoffen
Vin
Ittenheim
STRASBOURG
Kehl
Rocher
1010 m
Oberhaslach
Molsheim
Bruche
Col du Donon
727 m
Wisches
Mutzig
Rosheim
Geispols-
heim
Route
Russ
Schirmeck
Obernai
Fegersheim
Offenburg
Ottrott
Mont-Ste-Odile
Schaeffersheim
St-Blaise-
la-Roche
Champ
du Feu
1100 m
Le Hohwald
Barr
Erstein
Andlau
Kertzfeld
Itterswiller
Col de la
Charbonnière
960 m
Epfig
Benfeld
Saales
Villé
Dambach-
la-Ville
Boofzheim
Lahr
Fouchy
Ill
Rhinau
Ebersheim
Kappel-
Grafenhausen
Châtenois
St-Dié
St-Marie-
aux-Mines
Crêtes
Sélestat
Canal du Rhône au Rhin
Haut-
Kœnigsbourg
Saasenheim
Ribeauvillé
Heidolsheim
Guémar
Ill-
haeusern
Col du
Bonhomme
949 m
Route
Riquewihr
Marckolsheim
Verte
Kaysersberg
Orbey
Sasbach
COLMAR
Artzenheim
Turckheim
Col de la
Schlucht
1159 m
Bischwihr
Munster
Route Verte
St-Croix-
en-Plaine
Breisach
Hohneck
1361 m
Eguisheim
Neuf-
Brisach
FREIBURG
Petit
Ballon
1424 m
Soultzmatt
Pfaffen-
heim
Dessen-
heim
Geiswasser
Rouffach
Canal de la Harth
Lautenbach
Markstein
Grand
Ballon
1424 m
Guebwiller
Hirtz-
felden
Kruth
Thur
St-Amarin
Soultz
Écomusée
Blodelsheim
Ungers-
heim
Ensisheim
Munchhouse
Ballon
d'Alsace
1250 m
Le Rossberg
1191 m
Wittelsheim
Bantzen-
heim
Neuenburg
Cernay
Thann
MULHOUSE
Ottmarsheim
Masevaux
Schweighouse-
Thann
Rixheim
Burnhaupt-
le-Bas
BELFORT
Balschwiller
Steinbrunn
Illfurth
Sierentz
Dannemarie
Tagsdorf
Lörrach
Kappelen
Weil
Altkirch
Friesen
Ranspach
St-Louis
Seppois
Waldighoffen
Folgens-
bourg
Delle
Sundgau
Ferrette
BASEL
N
0
10 km

Kaleidoskop

Es ist eine alte Geschichte: Wohin man auch kommt – man beginnt sofort, das Neue mit dem Alten, Bekannten zu vergleichen. Im Elsass, das die Zerrissenheit zwischen dem deutschen und dem französischen Kulturraum im Lauf der Geschichte immer wieder schmerzhaft empfinden musste, bietet sich der Vergleich mit einem anderen zweisprachigen Land an: der Versuch einer Tuchfühlung von einem Südtiroler aus Schwaben mit dem Land zwischen Frankreich und Deutschland.

Art-Déco-Detail

Gemütliches Elsass: an einem warmen Sommerabend auf dem Marktplatz von Obernai.

TARTE FLAMBÉE
à l'alsacienne
ELSASSER FLAMMENKUCHEN
TOUS LES SOIRS
JEDEN ABEND

**Das ganze Land auf einen Blick:
Im Ecomusée d'Alsace.**

32

AU TIRE
WINSTUB

Romantisches Elsass: Die Ulrichsburg oberhalb von Ribeauville wurde teilweise restauriert.

Domaine
Jean SIPP

Rollende Kunstwerke: Das Automuseum Collection Schlumpf steht im Zeichen der berühmten Schöpfungen Ettore Bugattis.

Das Neue und das Alte

»Fährst du mit ins Elsass?« Als ich das meinen Vater fragte, musste ich nicht befürchten, dass er abschlägig antworten würde. So ziemlich jeder, der von dem Projekt erfuhr, dieses Buch über das Elsass zu schreiben, kam erst einmal ins Schwärmen. »Elsass, ja«, hieß es dann immer. »Toll, ich war auch schon mal dort …« Und dann folgte regelmäßig eine erstaunlich lange Liste von Vorschlägen und allgemein zugänglichen Geheimtipps. Viele Menschen, zumal in Deutschland, haben ein ganz besonderes Verhältnis zum Elsass, und natürlich sind es immer wieder der Wein, das Essen und die Wandermöglichkeiten, die im Katalog des Schwärmers auftauchen. Bei meinem Vater freilich verhält es sich ein bisschen anders. Zum einen kannte er das Elsass bis dato nur wenig, zum anderen ist er alles andere als ein typischer Wandertourist. Typisch ist er sowieso überhaupt nicht. Mein Vater, seines Zeichens ein Wissenschaftler auf internationalem Parkett und nebenher begeisterter Sprach- und Dialektbeobachter, lebt in Tübingen, ist aber ursprünglich Südtiroler. Und gerade als solchen wollte ich ihn auf der ersten Schnupperreise durch das Elsass für dieses Buch dabei haben. Die Idee gefiel offenbar uns beiden. »Ja, gerne«, sagte er, »eine nette Idee.« Und wir machten uns auf den Weg. Vom schwäbischen Tübingen aus sind es nur knapp eineinhalb Stunden bis auf die elsässische Rheinseite, und es hat schon einen gewissen Sinn, das Elsass als Tübinger zu besuchen. Für die Elsässer sind ohnehin alle Deutschen »Schwowe«, also Schwaben. Und es gibt auch Parallelen: die Fachwerkromantik zum Beispiel, die in den putzigen Bildern vom Elsässer Künstler

Das Neue: Treppenhaus im Europa-Parlament in Straßburg.

Das Alte: Die Eingangstür zum berühmten Restaurant »Katz« ist liebevoll geschmückt.

Auch im Elsass ist das Baguette allgegenwärtig, aber auf Restauranttellern dominiert das Sauerkraut.

das den Elsässern von 1680 oder 1700 etwas gesagt hätte – ihren Nachkommen von 1880 oder 1900 bedeutete es nur Theorie; zweihundert Jahre lang hatte dieses Volk nicht mehr die deutschen Geschicke geteilt. Und so gab es eine elsässische Frage, so ungern auch die Deutschen es hörten. (…) Man hatte die Elsässer nicht ›heimgeholt‹, sondern ohne Befragung einverleibt.«

»Da vorne links«, sagte mein Vater, nachdem wir bei Karlsruhe den Rhein überquert hatten. »Dann kommen wir nach Lauterbourg.«

Ein Blick auf das Handy ergab, dass hier noch das deutsche Netz aktiv war. Offenbar war es wegen der Nähe zu Deutschland noch stärker als das französische. In einem Laden im Zentrum kauften wir einen Schreibblock, Kugelschreiber und die deutsche Ausgabe der elsässischen Tageszeitung »DNA« (»Dernières Nouvelles d'Alsace«). Keiner der Kunden im Geschäft spach deutsch, alles spielte sich auf Französisch ab, und ich passte mich in meiner Sprachwahl an.

»Also, Elsässisch habe ich bis jetzt noch keines gehört«, merkte mein Vater ein bisschen enttäuscht an. Tatsächlich war es erstaunlich. Auch bei einem Spaziergang durch die kleine Stadt hörten wir kein einziges deutsches Wort. Später stellte ich fest, dass selbst die offizielle Website der Grenzstadt ausschließlich in französischer Sprache abgefasst wurde: Deutsch war hier spürbar unerwünscht.

Lauterbourg ist die erste elsässische Stadt jenseits der Grenze, aber gleichzeitig auch Frankreichs östlichster Punkt. Ursprünglich hatte hier der Vogt der Bischöfe von Speyer seine Residenz. Ab dem Jahr 1707 wurde Lauterbourg königliche Festung und damit Kontrollpunkt der Grenze zwischen dem pfälzischen Landau und der Festung Fort-Louis. Die historischsten Spuren allerdings sind jene, die man nicht sieht. Nämlich die der Verwüstung während des Zweiten Weltkriegs. Ganz am Ende des Krieges (1944/45) wurde Lauterbourg in gro-ßem Ausmaß zerstört. Nur das im Jahr 1713 gebaute Rathaus mit seinem Renaissanceportal, die bischöfliche Residenz und Vogtei aus dem Jahr 1715 und ein alter Turm haben es bis in die heutige Zeit geschafft. Genug, um Lauterbourg zu einem netten Reiseziel zu machen; zu

wenig, um die damalige Zerstörungswut einfach zu vergessen.

»Komm, wir fahren weiter«, schlug mein Vater vor. »Vielleicht bekommen wir in einem der nächsten Dörfer Elsässisch zu hören.«

Unterwegs blätterte er in der deutschen Ausgabe der »DNA«. Einige der Artikel waren auf Französisch abgefasst: das Überbleibsel einer Regelung der Nachkriegszeit, wonach auch die deutschen Tageszeitungen im Elsass zu mindestens einem Drittel auf Französisch zu erscheinen hatten. Heute gilt dieses Gesetz freilich nicht mehr. Dennoch: Bis zum Jahr 1994 war es nicht möglich, in der »DNA« Todesanzeigen auf Deutsch zu veröffentlichen. Noch heute regelt ein Staatsgesetz, wie im Radio das Verhältnis zwischen französischer und internationaler Musik zu sein hat, und die Auflage der deutschsprachigen Ausgabe der Tageszeitung hat sich in den letzten 15 Jahren praktisch halbiert. Überhaupt sprechen heute nur mehr rund 30 Prozent der Jugendlichen im Elsass den deutschen Dialekt, und nur noch die wenigsten der rund 1,8 Millionen Menschen, die heute im Elsass leben, bedienen sich der alten Sprache.

In der »DNA« waren an diesem Tag die Präsidentschaftswahlen das große Thema. Dabei ging es auch darum, dass der rechtskonservative Jean-Marie Le Pen, davon ausgehe, das Ergebnis von 2002 zu halten. Immerhin hatte er seit 1988 konstant zugelegt. Schließlich wurde es dann aber doch das schlechteste Ergebnis der vergangenen Präsidentenwahlen, und Le Pen verpasste den Einzug ins Finale. Doch Le Pen hat auch im Elsass erwiesenermaßen viele Anhänger.

Etwas weiter hinten gab es in französischer Sprache einen Artikel über ein Kulturfestival zu lesen, mit dem die elsässische Sprache gefördert werden sollte. »E Friehjohr fer unseri Sproch«, hieß das Festival, zu dem Lesungen und Theateraufführungen in vielen verschiedenen Städten und Dörfern gehörten.

Vor wenigen Jahren erst kam es zur ersten gemeinsamen Ausstellung von Tomi Ungerer und Hansi im Historischen Museum Saar in Saarbrücken. Die Tatsache mag verwundern, aber sie ist andererseits auch typisch elsässisch. Vielleicht liegt das aber auch daran, dass sich die politischen Einstellungen des im Jahr 1873 geborenen Hansi von jenen des 1931 geborenen Ungerer drastisch unterscheiden: Hansi, der Verächter der Deutschen, und Ungerer, der Kritiker des Nationalismus, waren eben zu verschiedenen Zeiten und mit verschiedenen Erfahrungen groß geworden. Obwohl beide unter dem Nationalsozialismus zu leiden hatten – Hansi durch Verfolgungen, die ihn in das Schweizer Exil trieben, und Ungerer als Schüler in den deutschnationalen Schulen –, reagierten sie unterschiedlich auf die Rückkehr des Elsass zu Frankreich. Während sich Hansi sich nach dem Krieg auch für einsprachige französische Schulen und ein Ende allen Deutschtums einsetzte, ärgerte sich Ungerer über den neuen Nationalismus der zurückgekehrten Franzosen. Er erinnerte sich, dass er von der französischen Literatur begeistert war und sämtliche Werke von Clèment Marot und Mathurin Régnier in Garniers Klassikerausgaben verschlang, was seinen Französischlehrer zu der folgenden Äußerung bewog: »Tun Sie was gegen Ihren Akzent, bevor Sie sich für Literatur interessieren ...«

»Mir ging es ähnlich«, sagte mein Vater und erzählte, dass er sich furchtbar geärgert hatte, dass es ihm zur Faschistenzeit in Südtirols Schulen nicht erlaubt war, Goethe und Dante gleichzeitig zu lieben. Man hatte entweder alles Deutsche zu verachten und alles Italienische zu bewundern oder umgekehrt. Im Ergebnis verfluchte mein Vater beide Tendenzen und las heimlich beide Autoren.

Den ganzen Tag über streiften wir noch durch das nördliche Elsass. Immer mit gespitzten Ohren und offenen Augen. Natürlich bekamen wir am Ende sowohl die elsässische »Sproch« ein bisschen zu hören als auch – zum Beispiel im Museum Westercamp in Wissembourg – jüngere Elsässer, die gerne und gewählt Deutsch sprachen. Aber das geschah viel seltener, als mein Vater dies erwartet hatte, und vor allem trafen wir kaum jemanden, der mit ihm über die Bedeutung der elsässischen Sprache oder einen Vergleich mit Südtirol sprechen wollte.

Erst kurz bevor wir das Elsaß bei Seltz wieder verließen, kehrten wir noch in ein Dorflokal ein und fanden in der Wirtin eine gesprächige Gastgeberin. Bei ihr zu Hause, erzählte sie, würde allerdings nur Französisch gesprochen, weil sie mit einem »echten« Franzosen verheiratet wäre. Wobei unter einem echten Franzosen eben einer zu verstehen sei, der nicht »nur« Elsässer ist. Als ich das hörte, musste ich an einen Witz denken, den man sich zum Thema Elsass erzählt. Ein Elsässer, so lautet die Geschichte, bestellt in einem Pariser Restaurant zum

Das nördliche Elsass ist ein Paradies für Wanderer.

Nachtisch einen Gugelhupf. Der Kellner fragt noch einmal nach: »Einen Gugelhupf, Monsieur? Tut mir leid, so etwas gibt es nur in Frankreich.«
»Was soll das heißen?«, fragt der Gast. »Liegt das Elsass etwa nicht in Frankreich?«
Worauf der Ober antwortet: »Ja, schon ...« Jedem steht es frei, sich auszumalen, was der Kellner noch weiter gedacht hat.
Auch unsere Wirtin hatte offenbar keine Lust, über Politik oder Sprache zu sprechen. Es wäre jedenfalls gut, sagte sie, ohne von ihrem Schreibblock aufzublicken, dass die Kinder in der Schule vor allem Französisch lernten. Denn deutsch könnte man, wenn man dies wollte, ja auch zu Hause sprechen.
»Als ich während der Faschistenzeit in Südtirol zur Schule ging«, sagte mein Vater, »waren wir ebenfalls gezwungen, nur noch italienisch zu sprechen. Und das war eigentlich gut so, denn so haben wir es wirklich gelernt.«
Ein bisschen verunsichert sah die Wirtin von ihrem Schreibblock auf.
»Ja«, sagte sie dann: »Während der Nazizeit durften wir in den Schulen auch nicht Französisch sprechen.«
Irgendwie misslang das Gespräch. Wir zahlten und machten uns wieder auf den Nachhauseweg.
Am Abend fragte ich dann meinen Vater, ob er Lust dazu hätte, auch am nächsten Tag noch einmal mitzufahren, diesmal in die Vogesen. Aber er lehnte dankend ab. Offenbar hatte er sein Interesse am Elsass verloren.
Was soll's, sagte ich mir schließlich. Dafür hatte er meines umso mehr geweckt.

Urtümliches, freundliches Elsass

Vosges du Nord – der Norden

Der Regionalpark Nordvogesen und die nördlichsten Dörfer auf der linken Rheinseite: Einerseits ist dies das Wanderparadies für alle Elsass-Touristen, andererseits der erste Katzensprung von Deutschland nach Frankreich. Fast ist man versucht zu sagen, dass hier noch das urtümlichste Elsass zu erleben ist. Denn die kleinen Dörfer inmitten des Nationalparks sind vom Tourismus heute noch alles andere als verwöhnt. Umso mehr kann man sich in aller Ruhe von der freundlichsten Art der elsässischen Gastgeber verwöhnen lassen.

Formvollendet: Krummes Elsass in Betschdorf, aber nicht nur. Denn hier sind die elsässischen Töpfer zu Hause. Wohin man auch geht, im nördlichen Elsass bekommt man die typischen Produkte der Krugmacher zu sehen.

ALSACE.

Freundliches Elsass: Wo sich deutsche Gelassenheit mit französischem Flair verbindet, stößt man auf jenes Elsass, das den meisten Charme versprüht.

Felsenfest: Noch bis zum Jahr 1958 waren die Felsenhäuser in Graufthal zumindest zum Teil bewohnt. Heute sind sie ein beliebtes Ausflugsziel.

Augenblicke: Die Rue Nationale von Wissembourg bietet schöne Impressionen beim Flanieren.

Sieben Mal hat sie gelächelt, und zwar jedes Mal sehr freundlich, obwohl sie mit den anderen Gästen im Restaurant einiges zu tun hatte. Die »Auberge d'Imsthal« in den Nordvogesen, unterhalb von La Petite Pierre, ist ein kleiner Geheimtipp. An diesem Freitagabend hatte sich wie so oft ein gemischtes Publikum eingefunden. An einem der wenigen Tische in der kleinen Stube saß eine kleine Gruppe französischer Elsass-Touristen, die sich mit Gesprächen über die Politik in Paris durch das Menü hangelten. An einem anderen Tisch vergnügten sich zwei Wanderpaare aus Deutschland, die am nächsten Tag zu einem Ausflug mit den Kollegen ihres Rotary-Clubs verabredet waren. Im Raum zwischen den beiden Tischen verschmolzen die französischen und deutschen Gesprächsfetzen miteinander, und die freundliche elsässische Bedienung pendelte zwischen den beiden Realitäten. Mit dem ersten Lächeln brachte sie mir die Karte und ließ mir etwas Zeit.

»Krummes Elsass« wird die Gegend hier immer wieder genannt. Das ist gar nicht so abschätzig gemeint, wie es klingt. Aber es ist wohl in jedem Fall ein Gegenstück zu dem, was das Elsass der großen Tourismuskataloge ausmacht. Auf den vielen Glanzpapierseiten ist nämlich vor allem und oft die Rede von den Highlights entlang der Weinstraße, von Colmar mit seinem Isenheimer Altar und natürlich von Straßburg, der elsässischen Kapitale. Aber die kleinen Dörfer im nördlichen Teil des Elsass werden vergleichsweise weniger Blicke gewürdigt. Dabei hat der Norden hier einiges zu bieten. Für Wanderer sowieso, aber auch für alle diejenigen, die sich gerne mal gegen den Strom bewegen.

Im Wald der Nordvogesen wird die Staatsgrenze zwischen Deutschland und Frankreich von zahlreichen Wanderwegen gekreuzt. Eine grüne Grenze, wie sie im Buch steht. Oder sollte man besser sagen: in der Buche. Denn Buchen, Kiefern und Eichen sind die Bäume, die den mehr als 70000 Hektar großen Wald des Regionalparks Nordvogesen ausmachen. Seit dem Jahr 1975 steht der »Parc naturel régional des Vosges du Nord« unter Naturschutz, 1990 bekam er zudem von der UNESCO den Titel »Biosphärenreservat« verliehen.

Schon allein der Logik halber und vielleicht auch zur besseren Verständigung der Nachbarn bekam der Pfälzerwald auf der deutschen Seite zwei Jahre später von der UNESCO die gleiche Auszeichnung. Seither kooperieren die beiden Naturparks mit finanzieller Unterstützung der EU.

Die Auszeichnung »Biosphärenreservat« ist dabei keine Selbstverständlichkeit. Der nicht oft vergebene Titel wird mit der Feststellung begründet, dass Mensch und Natur hier eine harmonische Einheit bilden. Und der Titel verpflichtet: Behutsam geht die Parkverwaltung im Schloss von La Petite Pierre mit der Werbung und Organisation für den Wandertourismus um. Man kann, darf und soll ohne Gepäck über die Wanderwege spazieren, für jeden gibt es maßgeschneiderte Pakete. Wählt man das größte, ist man insgesamt eineinhalb Wochen auf über 165 Kilometern unterwegs.

Augen auf an allen Ecken des Landes. Wer das urtümliche Elsass sehen will, wird entdecken, dass es viel zu genießen gibt.

Die Bestellung war fällig. »Terrine de volaille aux pistaches«, las ich etwas bemüht in meinem bestmöglichen Französisch aus der Speisekarte vor, und fügte hinzu: »Civet de gibiers de nos forêts«.

»Einmal Geflügelpastete mit Pistazien und Wildpfeffer aus unseren Wäldern«, wiederholte die freundliche Bedienung, lächelte zum zweiten Mal und empfahl zur Pastete einen Riesling.

Am Wanderertisch schwelgte man schon zwischen Vorfreude und Erinnerung. Die letzten Male wäre man wie die meisten Wanderrotarier auch erst in der Früh losgefahren, schließlich war es ja nicht weit über die Grenze, aber es wäre doch viel besser, sich auch den Abend davor im Elsass zu gönnen, man fühlte sich hier ja so wohl.

Gleichzeitig war am Tisch der französischen Gäste die Rede von Sarkozy und seiner Carla Bruni und wie sich das Amt des Präsidenten durch diese neue und vergleichsweise frivole französisch-italienische Allianz wohl verändern werde. Politik ist in Frankreich ein besonders lebendiges Thema. Nicht nur in Zeiten einer fotogenen »First Lady«, sondern auch zuvor, als die poltischen Gestalten weit kantiger waren. Und so geht es um Chirac, Jospin und Le Pen, der im Elsaß in jeder Hinsicht ein gern gewähltes Thema ist.

1595 XW 67

CHARLES V
Menu

Romantik: in Wissembourg vor den Überresten der alten Stadtmauer entlang der Lauter.

Was auffiel: An beiden Tischen saßen Menschen, die, wenn auch unterschiedlich motiviert, zum Elsass heimatliche Gefühle entwickelt hatten. Auf der einen Seite die Stammgäste aus Deutschland, die die besondere historische Verbundenheit zum Elsass mit über die Grenze nahmen, auf der anderen Seite die französischen Staatsbürger, die die Grenze erst gar nicht übertreten mussten. Dabei spielt aus der emotionalen Sicht der Elsässer wohl auch der Umstand eine Rolle, dass es in Frankreichs Geschichte keinen dezidierten Faschismus gegeben hat. Die Angst vor politischen Radikalismen, die etwa in Deutschland und Italien immer wieder auch vom historischen Bewusstsein genährt wird, ist in Frankreich zwangsläufig kleiner. Im Ergebnis wurde das Thema Le Pen an den beiden Tischen dieses Restaurants auch mit unterschiedlicher Vehemenz besprochen: mit einem Anflug des Lächelns im Kreis der französischen Gäste, mit einem besorgten Fragezeichen am Tisch der wandernden Rotarier. Ein Bonmot erfasst im Zusammenhang mit dem Elsass den Unterschied zwischen den Deutschen und den Franzosen satirisch, aber unpolemisch. Demnach bedeutet ein Franzose »esprit«, zwei Franzosen »amour« und drei Franzosen »revolution«, während ein Deutscher einen Poeten abgibt, zwei Deutsche schon eine Organisation bedeuten und drei Deutsche Krieg.

Die Geflügelpastete war inspirierend, der Riesling ebenso, und dann kam noch das dritte Lächeln dazu.

Im Gegensatz zu den Südvogesen, deren höchster Berg, der Grand Ballon, wie eine riesige Pastete aus der Landschaft herausragt und mit 1424 Metern fast schon alpine Höhen erreicht, geht es hier im Norden eher sanfter zu. Mehr als 700 Meter erreichen die Berge in dieser Gegend nicht. Und auch die Dörfer sind eher kleineren Ausmaßes.

La Petite Pierre ist mit seinen rund 700 Einwohnern da schon eine Ausnahme. Auf knapp 400 Metern Höhe gelegen ist der Ort mit seiner exponiert thronenden Burg auch eine schöne Plattform, um den Blick nach Süden über

Aufgefrischt: Die Wissembourger Kirche St-Pierre et St-Paul hat es in sich. Ein Blick auf die Fresken lohnt sich ebenso wie ein Abstecher in den kühlen Kreuzgang.

das Tal und die Wälder streifen zu lassen. Gelegenheit dazu bieten unter anderem die zahlreichen Gasthäuser und Hotels in der Neustadt unterhalb des Burgfelsens. Aber daneben natürlich auch die Burg selbst, um die sich die kleinen Häuser der Altstadt gruppieren, inklusive Wappenmuseum in einer kleinen Kapelle und einem kleinen Volkskundemuseum in einem ehemaligen Pulvermagazin.

Lützelstein hieß das Dorf früher und für die deutsche Zunge. So entfernt dieser deutsche Name von seinem französischen Pendant auch klingen mag, Lützelstein und La Petite Pierre stehen in einem logischen etymologischen Zusammenhang. Denn der Gründer der ersten Residenz an dieser Stelle, ein Spross derer von Lunéville, soll sich angesichts des kleinen Felsens, auf dem er seine Burg baute, selbst den Titel »Graf vom letzten (kleinen) Stein« gegeben haben. Daraus wurde später Lützelstein und in der Übersetzung des französisierungswütigen Sonnenkönigs Louis XIV. »La Petite Pierre«.

Mitunter ging es in dem Grafengeschlecht der Lützelsteiner, die vom Zollgeschäft lebten, auch recht romantisch zu. Ende des 14. Jahrhunderts wurde der Domprobst Burkhard Graf von Lützelstein zum Bischof von Straßburg gewählt, gab aber sein hohes Amt mit päpstlicher Erlaubnis wieder ab, um die Frau seines Herzens zu heiraten.

In den Räumen der Burg kann man neben einer ständigen Ausstellung zum Naturpark auch die Fortsetzung dieser Familiengeschichte erleben. In ihrer Präsentation ist sie irgendwie typisch elsässisch: Denn das Puppentheater, das die Geschichte erzählt, ist weder in französischer noch in deutscher Sprache gehalten, sondern bedient sich eines Kunstgebrabbels, das irgendwo zwischen den beiden Sprachen liegt. Hauptfigur des Spiels ist ein späterer Erbe des romantischen Bischofs Burkhard, nämlich der Pfälzerkönig Georg Hans von Veldenz. Jerri Hans, wie er noch heute von den El-

Wissembourg: Christophorus und Ami Fritz

Eigentlich ist es ein Wunder, dass Wissembourg nicht zu den großen Zielen der Touristenmassen gehört. Denn die Stadt, die auch eine der großen Zehn im Bund der Dekapolis war, hat einiges zu bieten. Ganz abgesehen von dem speziellen Charme, den die Häuser entlang der Lauter versprühen, und der Ruhe, die die Gemeinschaft der Bewohner in den kleinen engen Gässchen von Wissembourg ausstrahlen, findet man hier auch Sehenswürdigkeiten, an denen man nicht achtlos vorüberziehen sollte.

Die Gründung der Stadt geht auf ein Benediktinerkloster zurück, das ab dem 7. Jahrhundert auf einer Insel des Flusses Lauter stand. Beim Tauziehen zwischen den Äbten und der Bürgerschaft behielten in den folgenden Jahrhunderten die selbstbewussten Wissembourger meist die Oberhand. Und so darf es eigentlich nicht verwundern, dass gerade in Wissembourg im 16. Jahrhundert die erste protestantische Kirche des Elsass ihre Gemeinde fand. Wenig später, während des Dreißigjährigen Krieges, war es dann aber vorbei damit, und Wissembourg musste mächtig Federn lassen. Dennoch überdauerten die wichtigsten Sehenswürdigkeiten der Stadt alle kritischen Momente der bewegten elsässischen Geschichte. Die Kirche St-Pierre et St-Paul mit ihrem elf Meter hohen Wandbild des heiligen Christophorus etwa oder das imposante Salzlagerhaus »Maison du Sel«, das im Jahr 1450 als Hospital entstand. Eine andere Wissembourger Besonderheit, nämlich das im Jahr 1065 entstandene und damit älteste Glasfenster Frankreichs mit dem berühmten Christus von Weißenburg, wurde allerdings ins Straßburger Musée de l'Oeuvre verlegt.

Anfang der Dreißigerjahre des letzten Jahrhunderts war Wissembourg mal eine Filmkulisse für einen elsässischen Klassiker, dessen Hauptfigur man im Elsass auf Schritt und Tritt begegnen kann. »L'Ami Fritz« hieß der Film nach dem gleichnamigen Roman von Erckmann-Chatrian. Die Fassade eines Wissembourger Renaissancehauses war damals einer der Spielorte. Entsprechend ist der prachtvolle Bau heute vor allem als »Maison de l'Ami Fritz« bekannt. Aber man braucht gar kein Cineast zu sein, um diesen Anblick genießen zu können …

sässern genannt wird, war ein kluger Bursche, der in Heidelberg Philosophie und Mathematik studiert hatte. Mitte des 15. Jahrhunderts heiratete er die Tochter des schwedischen Königs, Anna-Maria Vasa, bekannte sich zum lutherischen Glauben und baute für viel Geld einen Kanal zwischen Saar und Zorn. Schwer zu sagen, was seine Untertanen davon hielten. Tatsache ist, dass Jerri Hans in der Summe zwei Dinge in seltener Kombination erreichte: den finanziellen Ruin seines Reiches und die anhaltende Verehrung seiner Untertanen.

Die Geflügelpastete war hervorragend, der Wildpfeffer vielversprechend, und die Bedienung lächelte zum vierten Mal.

Vom deutschen Tisch war der Plan der Wochenendwanderung zu vernehmen. Die Wahl der Gruppe fiel dieses Mal offenbar auf einen Teil des Fernwanderwegs GR 53, der praktisch die gesamten Nordvogesen durchzieht, oben an der Grenze zur Pfalz vorbeiführt und zuletzt in Wissembourg endet. Zu viel für ein Wochenende, aber auch die Teilstücke haben es in sich: Graufthal mit seinen berühmten, mit farbenfroh bemalten Fassaden versehenen Höhlenwohnungen liegt auf dem Weg, ebenso La Petite Pierre und zahlreiche Schlösser wie die Lichtenburg in Lichtenberg.

Lichtenberg gehört zu jenen Orten, an denen der touristische Mainstream üblicherweise vorbeifließt. Die offizielle »Straße der malerischen Dörfer« liegt weiter östlich. Hoffen, Cleebourg, Hunspach ... – das sind die Namen, die bei den Touristen in dieser Gegend das größte Entzücken hervorrufen. In Lichtenberg geht es da vergleichsweise ruhig zu, und das auch im Dorfgasthaus.

Zu Mittag desselben Tages bot sich dort ein beschauliches Bild. Ein paar Arbeiter gruppierten sich um den Stammtisch, zwei ältere Herren schlürften die Suppe aus dem Tagesmenü, und ein kleines Kind zog die Aufmerksamkeit der Gäste auf sich. »Saalut, Saalut«, begrüßte einer am Stammtisch das Kind.

»So, die isch güe gwesn jetz«, sagte der ältere Herr, als er seine Suppe fertig

Einsichten: Die Lichtenburg in Lichtenberg ist innen und außen ein lohnendes Ziel, abseits der üblichen Wege.

Natürlich Elsass: Der Regionalpark Nordvogesen und der Pfälzerwald kennen im Grunde keine Grenze. Beides sind Biosphärenreservate und beliebte Ziele, wie das Weindorf Cleebourg.

gelöffelt hatte. Eine alte elsässische Weisheit kam mir dabei in den Sinn: »S'gibt nix g'sunderes ass e Teller Supp, wenn noch ebbs nachkummt.« Was die elsässische »Sproch« angeht, gilt im Elsass grundsätzlich, dass man sie vor allem dort zu hören bekommt, wo der Fremdenverkehr den Alltag noch nicht bestimmt. Viele der Angestellten in den Fremdenverkehrsbüros sprechen überhaupt kein Deutsch, und die meisten Elsässer geben ihre ureigene Sprache erst dann zum Besten, wenn man sie auf Französisch anspricht. Das hat auch die deutsch-elsässische Lyrikerin und Publizistin Emma Guntz in ihren Texten beschrieben. Nachdem sie, um ihren Mann zu heiraten, von Deutschland ins Elsass gezogen war und genügend Beobachtungen über das Nebeneinander der drei Kulturen (elsässisch, deutsch, französisch) angestellt hatte, schrieb sie ihre Gedanken nieder:
»Wie konnte ich mich im Elsass einleben, dazugehören, ohne meine Vergangenheit aufzugeben? Die Antwort bekam ich von zwei älteren Damen, die ich in der Stadt untereinander elsässisch sprechen hörte und deshalb auf Deutsch um eine Auskunft bat. Die beiden musterten mich, tauschten einen Blick und antworteten mir liebenswürdig lächelnd auf französisch. Nachdenklich sah ich ihnen nach. Ein paar Schritte weiter wurden sie von einem Französischsprachigen befragt, dem sie ebenso liebenswürdig Auskunft gaben, die eine auf Elsässisch und die andere … auf Hochdeutsch. Ich legte diese Begegnung so aus, dass man weder als nur Deutschsprachiger noch als nur Französischsprachiger wirklich zum Elsass gehört.«

Hoher Norden: Mit dem Heißluftballon kann das nördliche Elsass von Deutschland aus auch aus der Höhe kennengelernt werden, ein erhebendes Erlebnis.

In Lichtenberg verhält es sich ähnlich. »Red doch Deutsch«, schallte es an diesem Mittag im Dorfgasthaus vom Stammtisch zu uns herüber, als die Kellnerin auf meine französische Bestellung ebenfalls auf Französisch antwortete.

In diesem Sinne ist es wohl kein Zufall, dass gerade in Lichtenberg vom Bürgermeister und seinem Vize an manchen Tagen rein elsässische Führungen durch die Burg angeboten werden. Davon abgesehen bietet die Lichtenburg vieles andere, das das Elsass im Innersten ausmacht. Denn um den Sandstein, auf dem die Burg gebaut wurde, ranken sich Legenden und Erzählungen.

So soll es auf der Burg einmal zwei Brüder, Herren von Lichtenberg, gegeben haben, die sich wegen ihrer Liebe zum selben Edelfräulein heftig anzufeinden begannen. Jeder der beiden schwor, den anderen zu töten, sollte er seiner habhaft werden. Und zwar jeder auf seine Weise: So kündigte der eine an, seinen Bruder im Kerker verdursten zu lassen; der andere, seinen Rivalen bis zum Hungertod einzusperren.

Wie es die Sage will, landete jener Bruder im Kerker, dem das Schicksal des Verdurstens winkte. Aber er überlebte vorerst lange Zeit, weil er sein Brot, das ihm zugestanden wurde, mit der am Felsen heraustretenden Feuchtigkeit tränkte und damit genügend Flüssigkeit bekam. Erst als der Bruder dies bemerkte und ihn in einen sonnigeren Kerker sperrte, verdurstete er, wie es sein eifersüchtiger Bruder geschworen hatte.

Zwei Dinge machen diese Legende zu etwas Besonderem. Zum einen die drei im Untergeschoss des nördlichen Turmes in den Stein gemeißelten Gesichter, die sichtbar Lebensfreude, Hunger und Verdursten darstellen, zum anderen die Tatsache, dass der Sandstein, der im elsässischen Boden steckt, tatsächlich so gut als fruchtbarer Wasserspeicher funktioniert, wie es diese Legende berichtet.

Und apropos Sandstein: Sogar zum Straßburger Münster lassen sich von der Lichtenburg aus Verbindungen knüpfen. Denn als Konrad von Lichtenberg, sozusagen ein Nachfahre der eifersüchtigen Brüder, im Jahr 1273 Bischof von Straßburg wurde, beauftragte er mit Erwin von Steinbach eben jenen Baumeister mit der Sanierung der Lichtenburg, der auch die berühmte Westfassade des Straßburger Münsters schuf.

Der Abend in der »Auberge d'Imsthal« neigte sich dem Ende zu. Die französischen Gäste hatten sich schon verabschiedet, die deutschen waren beim Nachtisch, und ich erntete mit meiner Bestellung des »sorbet maison arrosé« und dem darauf folgenden Kaffee mein fünftes und sechstes Lächeln.

Was dieses Lächeln ausmacht! Es ist ja wirklich nicht selbstverständlich: Seit die zahllosen Busunternehmen vor allem in der Hochsaison ihre Touristenladungen an den üblichen Hochburgen abliefern, ist vielen Elsässern das Lächeln vergangen.

Mehr noch, es scheint, als habe man sich auch offiziell auf eine Linie geeinigt, mit der mittelfristig der Tourismus aus dem deutschen Nachbarland zugunsten eines anderen, vielleicht inländischen Tourismus, reduziert werden soll. Immer dann, wenn man im Elsass auf Unwillen stößt, wird diese Linie bemerkbar; immer dann, wenn man ein Lächeln erntet, wird man darüber wieder hinweggetröstet.

In Sesenheim, nahe der östlichen Staatsgrenze, katapultierte das bezaubernde Lächeln einer jungen Elsässerin im Jahr 1770 keinen Geringeren als Johann Wolfgang von Goethe in lyrische Höhen. Die wiederholten Ausflüge, die er von seiner Studienstadt Straßburg aus nach Sesenheim unternahm, waren durch die aufgeflammte Liebe zur dortigen Pfarrerstochter Friederike Brion motiviert. Irgendwo zwischen »Dichtung und Wahrheit« hat er diese romantischen Ausritte später festgehalten:

Es schlug mein Herz, geschwind zu Pferde
Es war getan noch eh gedacht,
Der Abend wiegte schon die Erde
Und in den Bergen hing die Nacht …

Wenn auch die Romanze zwischen Goethe und Friederike nicht die Studienzeit des Dichters überdauerte, so ist von der hehren Verehrung in Sesenheim touristengerecht auch heute noch einiges zu sehen: die Balustrade, von der Friederikes Vater predigte; Kirchenbänke, von denen aus seine Tochter ihm zuhörte, und natürlich ein Memorial, an dem auf ewig der vergänglichen Liebe gedacht werden kann.

»Wie weit ist es denn von hier nach Sesenheim?«, fragte ich die freundliche Bedienung, bevor ich mich auf eines der Zimmer der Auberge zurückzog. »Weniger als eine Stunde mit dem Auto«, antwortete sie und lächelte noch ein letztes Mal.

Altes Gemäuer: Die Lichtenburg ist dank behutsamer Restauration in gutem Zustand.

Wissenswertes

Hotel Anthon in Obersteinbach

Der beste Tipp für Menschen, die nicht den High-Tech-Luxus suchen, sondern eine besondere Atmosphäre inmitten der Vogesen. Mit einer blassrosa gefärbten Fassade wird man erst von dem Gasthaus begrüßt. Im Inneren geht es dann weniger poppig, aber dafür im gemütlichsten Biedermeierstil weiter. Ein Ort zum ungetrübten Glücklichsein, denn was kann die hauseigene Trauerweide schon dafür, dass sie so heißt.

Betschdorf, Zentrum der Töpfer

Es ist nicht zu übersehen: Sobald man Betschdorf erreicht, weiß man, dass man es mit einem Mekka der »Poterie«, der Töpferei, zu tun hat. In praktisch jedem Haus des Dorfes werden Kreationen aus blauem Steingut angeboten. Für den Glanz sorgt beim Brennen die Beigabe von Salz. Das Museum in der Rue Kuhlendorf bietet einen Überblick über die Geschichte der Töpferei im Elsass.

Fachwerkkirche Kuhlendorf

Ein absolutes Unikum, was im Grunde sogar etwas verwundert. Gerade im Elsass, dem Mekka der Fachwerkidylle, würde man an sich erwarten, dass man mehrere Fachwerkkirchen zu sehen bekommt. Aber wer ein Gotteshaus in diesem Stil besichtigen will, muss zwangsläufig nach Kuhlendorf fahren, und wer es tut, wird es nicht bereuen.

Auberge d'Imsthal

Die Ruhe weg hat man in diesem kleinen Hotel, das romantisch und fast verklärt am Rand eines Wanderweges und am Ufer eines Teiches liegt. Das Hotel legt größten Wert darauf, dass seine Gäste die gegebene Stille genießen können. Und ganz nebenher auch auf eine gute elsässische Küche. Von hier aus lassen sich schöne Ausflüge nach Graufthal oder dem nahe gelegenen La Petite Pierre unternehmen.

Graufthal

Kaum zu glauben, dass es noch gar nicht so lange her ist, dass in den Felsenhäusern tatsächlich jemand lebte. Die letzte Bewohnerin der feuchten Behausungen, die im Wohnstil genau in der Mitte zwischen Steinzeit und Moderne liegen, ist im Volksmund als die »Felsenkäth« bekannt. Mit bürgerlichem Namen hieß die Dame Katharina Ottermann, und sie lebte noch bis ins Jahr 1958 in einem der farbig bemalten Bauten.

Das Prinzip der Graufthaler Höhlenwohnungen ist ganz einfach: Die Grotten in den Felsen über dem Flüsschen Zinsel dienten in ihrer rustikalen, natürlichen Form als Wohnraum, davor wurde nur noch eine Fassade mit Fenstern und Türen gemauert. Damit sparten sich die »Felsenkäth«, ihre Nachbarn und deren Vorfahren aufwendige Bauarbeiten, und offensichtlich schraubten sie dafür auch ihre Wohnansprüche gerne auf das Niveau der Steinzeitmenschen zurück. Nachdem sich nach dem Jahr 1958 offenbar keiner mehr finden ließ, der diesen zweifelhaften Komfort als zumutbar empfand, wurden die Felsenhäuser renoviert und für Touristen zugänglich gemacht. Richtig gemütlich ist es im Inneren deshalb auch nicht geworden. Aber eine Attraktion sind die Häuser allemal. Wer sie sehen will,

braucht nur den überall aufgestellten Schildern zu den »maisons troglodytiques« zu folgen. So heißen die Halbbauten auf Französisch.

Museum Westercamp Wissembourg

Allein das Haus mit seinem romantischen Innenhof ist ein guter Grund, nach Wissembourg zu fahren. Aber es lohnt sich auch, durch die Räume des stattlichen Bürgerhauses zu streifen und mit den Augen nach kleinen und größeren Botschaftern der elsässischen Geschichte Ausschau zu halten. Eine Stimmung wie zu Hause bei einem freundlichen Gastgeber, und ebenso wird man von Serge Burger, der die Führungen betreut, behandelt. Übrigens: Paul Westercamp, jener Wissembourger Notar, der dem Museum den Namen gab, wohnte selbst nie in dem Haus. Er kaufte es nur, als die letzte Besitzerin verstarb und schenkte es der Stadt.

KZ-Struthof

Ein dunkles Kapitel der elsässischen Geschichte in den Vogesen. Gebaut wurde das KZ im Jahr 1940, und bei der Evakuierung vier Jahre später sollen mehr als 7000 Gefangene in den Baracken eingepfercht gewesen sein. In den drei Jahren davor experimentierte der SS-Mann August Hirt mit Senfgas und jüdischen Gefangenen. Sechsundachtzig von ihnen erstickten in der Gaskammer des Struthofes.
Hirt wurde enige Jahre später, nämlich 1952, von einem Militärgericht in Abwesenheit zum Tode verurteilt. Vermutlich hatte er sich aber schon einige Jahre zuvor selbst erschossen.

Schloss La Petite Pierre

Stolz scheint das Schloss kerzengerade aus dem Felsen zu wachsen. Bis zum 19. Jahrhundert gehörte auch ein Bergfried dazu, aber selbst der Rest kann sich sehen lassen. Das Schloss, in dem die Verwaltung des Regionalparks Nordvogesen ihren Sitz hat, beherbergt eine Ausstellung zur Geschichte und den Besonderheiten des Parks.

Kriegsmuseum in Hatten

Eines der vielen elsässischen Museen, die sich mit der Geschichte des Elsass befassen. Die »Casemate d'Infanterie Esch« ist der Rahmen für das Musée de l'Abri de Hatten, wo die vernichtende Schlacht von 1945 rekapituliert werden kann.

Wandertouren im Nationalpark

Nur ein Jahr, nachdem das deutsche Kaiserreich im Jahr 1871 das Elsass übernommen hatte, wurde der Vogesenklub gegründet: zum einen, um über wissenschaftliche und historische Themen zu diskutieren, zum anderen, um durch die damals noch praktisch unerschlossenen Vogesen zu wandern. Neun Jahre nach seiner Gründung bekam der Klub den Auftrag, ein Wanderwegenetz zu bestimmen und auszuschildern. Im Ergebnis betreut die »Fédération du Club Vosgien« heute mit ihren rund 35000 Mitgliedern viele tausend Kilometer Wanderwege. Die Karten des Vogesenklubs sind damit ein wichtiges Stück im Gepäck aller Wanderer.

Boutique Cleone Prêt à Porter La Petite Pierre

Schon von außen, besonders im Frühling, wenn die Bäume blühen, ist das Haus eine wahre Augenweide. Wer es betritt, landet darüber hinaus aber auch in einem wahren Paradies für Souvenirjäger. Denn hier werden Kunsthandwerk und Lederwaren in reicher Auswahl und zu vertretbaren Preisen angeboten.

Pendeln auf der Wasserstraße

Canal de la Marne au Rhin

Langsamer als mit dem Fahrrad, nur etwas schneller als zu Fuß. In diesem Tempo etwa zieht die elsässische Landschaft an den Freizeitkapitänen und ihrer Besatzung vorbei. Nicht nur deshalb sind die Hausbootfahrten auf dem Canal de la Marne au Rhin eine sehr beschauliche Art, das Land kennenzulernen. Voraussetzung für den Platz am Steuer: von einem etwas erhöhten Reisebudget einmal abgesehen, nur etwas Zeit und die Ruhe, diese auszukosten. Denn einen Führerschein brauchen Hausbootkapitäne auf den Kanälen Frankreichs nicht. »Learning by doing«, so lautet locker die Devise.

Blickfang: Wer auf einem Hausboot unterwegs ist, bekommt genügend Gelegenheit, Eindrücke aufzunehmen. Im Wasser spiegelt sich die Ruhe, die man dafür haben sollte.

Spiegelbild: Wer in Saverne über Nacht anlegt, bekommt einen Blick auf das »Elsässische Versailles« kredenzt. Das Schloss Rohan ist heute auch Jugendherberge.

1998

Ausgeschaut: Die bemalte Hausfassade hinter dem Rathaus in Saverne macht stutzig, und das ist auch beabsichtigt. Impressionen zwischen Dichtung und Wahrheit.

Eile ist auf den Hausbooten nicht angesagt.

Philippe Minot ist zwangsläufig ein geduldiger Mensch. Seit Jahren betreut er zusammen mit seiner Frau und einem kleinen Stab von Mitarbeitern die Locaboat-Zweigstelle in Lutzelbourg. Nachdem das Gesetz in den meisten Ländern Europas keine Vorkenntnisse geschweige denn einen Bootsschein verlangt, um auf den Kanälen herumzuschippern, ist es allein die Aufgabe der Vermieter oder Bootseigner, ihre Kunden bestmöglich einzuweisen. Und das setzt vor allem einmal Geduld voraus.

»Also, das ist dör Anlassör«, sagt Philippe mit einem angenehmen französischen Akzent, und ich versuche jeden seiner flinken Handgriffe genau zu beobachten: Kippschalter auf »on« – ein penetranter Piepston stellt sich ein –, den Starterhebel halb durchziehen – »zwanzisch Sekundön vorglühn«, sagt Philippe – und dann denselben Hebel stärker ziehen: Der Dieselmotor springt an. Im Schnelldurchgang erklärt Philippe noch die Funktion der anderen Knöpfe auf dem Armaturenbrett und beendet damit großzügig den theoretischen Teil der Prüfung. »Pénichette« heißen die Boote, die dieses Unternehmen auf dem Rhein-Marne-Kanal anbietet. Dieser Name, der mit »Kähnchen« übersetzt werden kann, leitet sich von jenen großen Lastkähnen ab, die noch bis vor ein paar Jahrzehnten diese Wasserstraße in hoher Zahl befahren haben. Bis Ende der Siebzigerjahre gehörte die 159 Kilometer lange Strecke zwischen Nancy und Straßburg sogar zu den meist befahrenen in Frankreich. Kohle, Erz, Stahl, allerlei Baustoffe, aber auch landwirtschaftliche Produkte wie Korn und Rüben wurden auf diese Weise von den »Péniches« transportiert. Bald aber nahmen die schnelleren Transportmittel wie Lkw und Bahn den großen Lastkähnen ihre Wirtschaftlichkeit. Heute trifft man, von den schmucken Kanalkreuzschiffen einmal abgesehen, praktisch keine großen Lastkähne mehr. Die – recht erfolgreiche – wirtschaftliche Ausnutzung der Wasserstraße hat sich zum Tourismus hin verschoben.

Die praktische Einführung beginnt. Zuallererst werden die Rollen an Bord verteilt. In unserem Fall ist das schnell entschieden. Mir fallen die Aufgaben des Kapitäns und Steuermanns zu, und Udo Bernhart, der Fotograf, übernimmt die Funktionen von Navigationskoordinator, erstem Offizier, zwei Matrosen und Kombüsenchef.

»Es gibt zwei Möglischkeitön um abzulegön«, sagt Philippe. »Eine einfachöre und eine schwierigöre.« Und so erfahren wir, dass der leichteste und unproblematischste Weg der ist, dass die beiden Matrosen unter Aufsicht des Navigationskoordinators an Bug und Heck die Leinen losmachen und dem Boot einen kleinen Schubs in Richtung Kanalmitte geben, während der erste Offizier den Bootsverkehr überwacht und der Kombüsenchef dem Kapitän, der die Maschinen auf langsame Fahrt stellt, eine Kanne Kaffee kocht.

Eingefahren: Viel Zeit verbringt man in den Schleusen (unten die Saverner Schleuse).

Philippe ist ein guter Lehrer. Nach ein paar Übungen und Tipps sind wir immerhin so weit, dass wir ablegen können, ohne andere Boote ernsthaft zu gefährden. Zuerst schippern wir in Richtung Nancy, um das zu sehen, wofür manche Bootstouristen sogar eigens hierher kommen. Nämlich das Schiffshebewerk von Arzwiller: ein monumentales Bauwerk. Als der Kanal noch hauptsächlich von den großen Lastkähnen befahren wurde, stellte die vormalige Schleusentreppe in der Nähe von Arzwiller für die Schiffsleute ein großes Problem dar: praktisch im Slalom führte der Kanal über den Berg hinauf, und nicht weniger als 17 Schleusen mussten an dieser Stelle überwunden werden. Die Entfernung von einer Schleuse zur nächsten war so kurz, dass es beim Manövrieren und bei höherem Frachteraufkommen regelmäßig zu Schwierigkeiten und vor allem zu Verzögerungen kam. Ein achtstündiger Arbeitstag war damals notwendig, um die 17 Schleusen zu schaffen. Die Lösung des Problems war ein sehr ehrgeiziger Plan: nämlich eine riesige Badewanne, in die die Frachter im Tal einfahren, um dann auf einer insgesamt 128 Meter langen schrägen Standseilbahn nach oben befördert zu werden. Über 44 Meter beträgt der Höhenunterschied zwischen der Tal- und der Bergstation; rund 20 Minuten brauchen die Maschinen, um mithilfe der etwa 900 Tonnen schweren Gegengewichte die ebenso schwere Badewanne nach oben zu befördern.

Entlang den romantischen Wasserstraßen gibt es viel zu sehen.

Lichtblick: Saverne by night bietet sehenswerte Impressionen und selten ein Touristengedränge.

Erstaunlicherweise wurde dieses Schiffshebewerk von Arzwiller – immerhin das einzige dieser Art in Europa – zu einem Zeitpunkt fertiggestellt, zu dem eigentlich schon absehbar war, dass die große Zeit der Frachtschifffahrt auf diesem Kanal vorbei war. Dennoch, als das Werk am 27. Januar 1969 in Betrieb genommen wurde, war das nicht nur offiziell ein zukunftsträchtiger Moment. Denn tatsächlich werden hier im Sommer erfolgreich Besichtigungsfahrten angeboten, und keiner der Hobbykapitäne lässt es sich entgehen, einmal das erhebende Gefühl der Riesenbadewanne von Arzwiller zu erleben: leicht nachzuvollziehen, dass dieses Hebewerk damit letztendlich nicht nur ein Schmuckstück des im 19. Jahrhundert gebauten Rhein-Marne-Kanals ist, sondern ganz nebenbei auch wirtschaftlichen Ansprüchen gerecht wird. An der Bergstation beschließen wir, am rechten Kanalrand anzulegen und einen Teil unserer Vorräte zu kosten. Baguette, Pastete, Käse und etwas von dem Rotwein, der vom Bootsverleih jedem Kunden auf den Tisch gestellt wird. Auch wenn es »nur« ein Kanal ist – an Bord schmeckt alles besser. Am Ende der Stärkung ergibt die Mannschaftsbesprechung in der Offiziersmesse, dass wir am Nachmittag Kurs auf Saverne nehmen und dort die Nacht verbringen wollen. Eine gute Entscheidung. Nur – wie war das noch mal mit dem Ablegen? Ruder Richtung Land, hart Steuerbord, Motoren halbe Kraft zurück, bis der Bug die richtige Entfernung zum Ufer hat, dann Ruder hart Backbord und halbe Kraft voraus. Wie durch ein Wunder gelingt uns das Manöver inklusive einer Ehrenrunde um die eigene Achse. Grund zur Schadenfreude gibt es später allerdings noch mehr: Allein zwischen dem Hebewerk von Arzwiller und Saverne liegen sage und schreibe 13 Schleusen, und meistens – oder in der Hochsaison sogar immer – werden diese automatischen Schleusen von mehreren Freizeitkapitänen gleichzeitig angefahren. Spätestens beim Einfahren und Festmachen beginnt dann das vergnügliche Ballett des mitleidigen Kopfschüttelns und der süßen

Hier hat man noch Zeit: Canal de la Marne au Rhin – zum Schauen und zum Rasten.

Schadenfreuden. Wer hat das Boot besser im Griff, wer schlängelt sich ungeschickter zwischen die Schleusentore? Nach ein paar Schleusen und ein bisschen Übung darf man dann die empfangenen Mitleidsblicke an die jeweiligen Neulinge auf dem Kanal weitergeben. Bis Saverne sind wir sogar so weit, einer anderen Gruppe von frischen Freizeitkapitänen mit diebischem Lächeln ein paar wohl gemeinte Tipps zu kredenzen.

Imposant präsentiert sich die Schleuse im Zentrum von Saverne. Zum einen, weil dieser Weg unwidersprochen der schönste ist, in diese schmucke Stadt einzufahren, zum anderen, weil die Schleuse, umgeben von Straßencafés und Altstadttrubel, gut doppelt so tief ist wie die meisten anderen auf dem Kanal.

Während das Wasser ausgelassen wird, wird es in dem fast sechs Meter tiefen Schacht so richtig düster, und die Leinen, die man um die Poller am oberen Ende gelegt hat, um das Boot stabil zu halten, werden in ihrer ganzen Länge ausgenutzt. Am Ende des Schleusengangs öffnen sich die Tore dann zum zweiten, besonders eindrucksvollen Teil der Saverne-Präsentation. Denn der Kanal führt um die Altstadt herum, und die Anlegestelle für Hausboote liegt dem imposanten Schloss Rohan, dem sogenannten »elsässischen Versailles«, genau gegenüber. Hier lohnt es sich zu verweilen, und fast alle Freizeitkapitäne tun es auch. Meistens sogar über Nacht.

Unabhängig davon, von wo aus man gestartet ist: Die Rückfahrt zur Hausbootbasis hat üblicherweise einen beschaulicheren Charakter. Der Umgang mit Steuer und Schleusen ist bis dahin fast zur Selbstverständlichkeit geworden und anstelle der Schadenfreuden tritt eine gesteigerte Wahrnehmung der Natur. Entenfamilien ziehen ihre Kreise, die verschiedensten Vogelarten zwitschern um die Wette, Klatschmohn und Kornblumen betupfen impressionistisch die umliegenden Wiesen, und die einheimischen Fischer wiegen ihre Angelruten am Kanalrand. Manchmal ziehen riesige Wohnkähne in Einfamilienhausgröße vorbei. Mit Geranien an der Reling, Gartenmöbeln auf dem Sonnendeck und behäbigen Wohnzimmern, die man durch die Bullaugen ausmachen kann. Ein wenig neidisch wird man auf das Leben dieser Wassernomaden, nachdem man bis zum Ende seines Bootsausflugs ein Quentchen dieser wohltuend langsamen Lebensart probieren hat dürfen. Fast schon gelassen steuern wir unsere Pénichette in eine Parklücke zwischen zwei moderneren Geschwistern dieser Kähne. Langsam schräg auf die Anlegestelle zufahren, Bugleinen an Backbord festmachen, Ruder hart Backbord und Maschinen mit kleinster Kraft zurück. Sanft und mit etwas Glück gleitet das Boot nahezu perfekt in seine Parklücke. Leider hat Philippe es nicht gesehen.

»'aben Sie eine schöne Fahrt ge'abt?«, erkundigt er sich freundlich, als wir ihm die Schlüssel zurückgeben. Und so, als würde er sich wirklich dafür interessieren, hört er sich unsere Ausführungen an. Sie werden nicht anders gewesen sein als die aller anderen begeisterten Freizeitkapitäne. Aber Philippe weiß, was er seinen Kunden schuldig ist, und er ist wirklich ein geduldiger Mann.

Saverne: Mehr als drei Tavernen

Die Dame in dem Hotel macht einen recht verblüfften Eindruck. Auf die Frage, was denn in Saverne am Abend so los sei, ist sie offenbar nicht vorbereitet, so als sei diese Frage äußerst seltsam. »In Saverne?«, wiederholt sie und lächelt mitleidig. »Also, in Saverne ist am Abend gar nichts los.« Aber diese Antwort ist eigentlich sehr ungerecht. Mag schon sein, dass jeder, der auf großstädtisches »High Life« aus ist, in dieser 11000-Einwohner-Stadt nicht an der richtigen Stelle ist. Aber ein Spaziergang durch Saverne lohnt sich allemal, und die Kneipen rund um die beschauliche Altstadt sind immer wieder lebendig. Manchmal wollen sogar die Europaparlamentarier dem politischen Ameisenhaufen Straßburg entfliehen, und nicht selten führt ihr Weg dann hierher. Würdige Hotels gibt es hier zur Genüge, und einige der Restaurants, wie etwa die schmucke Maison Katz, haben sich sogar überregional einen sehr guten Namen gemacht. Übrigens erinnert an die Gastronomie schon der Name dieser Stadt. Denn als die Römer diese Siedlung an der wichtigen Via Consularis von Straßburg nach Metz tauften, orientierten sie sich bei der Namensfindung offenbar an bestehenden Wirtshäusern. Das Ergebnis war »Tres Tabernae – drei Wirtshäuser«, was später abgekürzt und eingedeutscht wurde zu Savern.

Im 13. Jahrhundert fand der aus Straßburg vertriebene Bischof hier seine neue Residenz, und Bischofsresidenz blieb Saverne auch bis zur Französischen Revolution. Da wollten die Bürger dann von ihrem Oberhirten nichts mehr wissen. Er wurde vertrieben und nahm den Sonderstatus der Stadt gleich mit. Eine bedeutendere Stellung nahm Saverne dann erst wieder Ende des 19. Jahrhunderts ein, als die Deutschen eine Garnison hierher verlegten. Freilich, so richtig dankbar konnten die Saverner dafür nicht sein. Aber das ist eine andere Geschichte. Heute haben die Bewohner von Saverne ihre Ausgeglichenheit ganz offensichtlich gefunden. Im stolzen Schloss Rohan finden Gesellschaftsabende, Ausstellungen und Konzerte statt, und mit der Anlegestelle der Hausbootvermieter hat die Stadt sogar etwas von dem Flair eines Jachthafens bekommen. Von wegen, dass hier, gerade im Sommer, nichts los sei. Mehr Trubel wäre in Saverne auch gar nicht wünschenswert.

Wissenswertes

Taverne Katz (Saverne)

Von außen eine Augenweide, von innen ein Gaumenschmaus. Die Fachwerkfassade mit den vielen Fratzen und Ungeheuern entstand im Jahr 1605. Der Ruf der Maison Katz als besonders noble Weinstube mit ausgewählter elsässischer Küche ist freilich jünger. Aber dafür beständig

wie die Faszination, die von der Renaissancefassade ausgeht.

Hausboothafen Lutzelbourg

Egal, aus welcher Richtung man kommt und ganz unabhängig, für welchen der Hausbootvermieter man sich entscheidet: Ein Zwischenstopp mit Landgang lohnt sich in Lutzelbourg allemal. Wegen der gemächlichen Idylle, die das Dorf kennzeichnet, wegen der kleinen Läden, in denen man sich mit frischem Brot und anderem Proviant eindecken kann, und natürlich wegen der romantischen Burgruine aus dem 12. Jahrhundert, von der man einen vortrefflichen Blick über den Ort und den Kanal genießen kann. Beschaulich geht es in Lutzelbourg zu, und die Hausbootfahrer, die hier festmachen, haben das schon längst erkannt. Philippe Minot, der Chef der Locaboat-Zweigstelle, drückt schon mal ein Auge zu, wenn man mit einem fremden Boot an seiner Anlegestelle übernachten will, und er verlangt – im Gegensatz zu seiner Konkurrenz in Saverne – dafür auch keine Miete. Aber man kann sich bei der Wahl des Vermieters natürlich auch von vornherein für Philippe Minot entscheiden, wodurch Lutzelbourg zum Heimathafen wird und damit ganz automatisch zu einem persönlichen Anliegen. Bestimmt keine schlechte Entscheidung.

Schloss Rohan (Saverne)

Es ist der erste Blickfang, wenn man nach Saverne kommt; ganz egal, auf welche Weise man anreist. Nicolas Salins de Monfort, der Architekt, begann bereits im Jahr 1780 mit den Arbeiten. Dann folgte die Revolution, und das Schloss wurde zur Kaserne umfunktioniert. Erst Louis Napoleon ließ den Rohbau dann als Beamten- und Offizierswitwenheim abschließen. Ab dem Jahr 1871 wurde es von den Deutschen, ab 1918 von den Franzosen als Kaserne genutzt. Seit dem Jahr 1952, in dem die Stadt das Schloss kaufte, ist es eine der wohl nobelsten Jugendherbergen im Lande.

Schiffshebewerk

Ein technisches Meisterwerk, das eigentlich am Fortschritt vorbei gebaut worden ist. Vor allem den Frachtschiffen wollte man mit dieser riesigen Badewanne, die 44 Meter Höhenunterschied überwindet, die Mühsal von 17 Schleusen ersparen. Heute gibt es es kaum mehr Frachtschiffe. Dafür aber viele Menschen, die mit ihren Hausbooten das Hebewerk eigens besuchen. An der Bergstation findet man auch touristengerecht Shops und Aussichtsplattformen. Am Ende erwies sich also das ehrgeizige Projekt doch noch als wirtschaftlich.

Radfahren und Joggen am Kanal

Wenns mal schneller gehen soll als auf dem Wasser, kann man einfach aussteigen und den Wegen folgen, die den Kanal am Rand begleiten. Üblicherweise ist man angesichts des Fahrttempos, das man mit

dem Hausboot erreicht, an Land sogar rückwärts und im Handstand schneller. Praktischer ist es also mit dem Fahrrad oder zu Fuß, und von Land aus knipst man auch die besseren Urlaubsfotos von den Booten.

Honig- und Marmeladeverkauf

Ein Hausbooturlaub ist auch gleichzeitig immer ein Schleusenurlaub. Mit dem Warten vor und in der Schleuse verbringt man einen guten Teil der Zeit. Immer wieder bekommt man dabei die Gelegenheit, sich die Wartezeit im wahrsten Sinne des Wortes zu versüßen. Mit selbst gemachtem Kuchen der Schleusenwärter oder mit Honig, der in dieser Gegend geerntet wurde. Der Preis ist Verhandlungssache, nur die Qualität dieser Produkte ist nachgewiesenermaßen unstrittig.

Hotel Restaurant Des Vosges (Lutzelbourg)

Egal, ob man ein Hausboot in Lutzelbourg mietet oder mit einem anderen hier vorbeikommt: Ein kleiner Landgang lohnt sich in jedem Fall, und wenn man eine Abwechslung zur Bordküche sucht, ist das Restaurant »Des Vosges« genau die richtige Adresse. Man kann sich auch über Nacht einmieten, wenn man Lust verspürt, zwischendurch auf festem Boden zu schlafen.

Tromp L'oie Hausfassade (Saverne)

Ein bisschen versteckt und ziemlich verwirrend ist die Fassade, die auf der Rückseite des Rathauses ins Auge sticht: eine beschauliche Szene, ein gemütliches Ambiente. Nur eben gemalt, aber fast so, als würden die Figuren, die aus dem Fenster sehen, sich im nächsten Augenblick bewegen. Doch die Zeit steht in diesem »Augenveräppeler« still.

Rosengarten (Saverne)

Eine Rose ist eine Rose ist eine Rose … Saverne trägt unter anderem auch den Namen »Stadt der Rose«, und der Grund dafür ist dieser verträumte Garten, in dem zur richtigen Jahreszeit die verschiedensten Exemplare blühen. Einfach nur auf einer Bank sitzen und den Duft der Liebesblüten einatmen, ist ein guter Grund, die Zeit verstreichen zu lassen. Mit etwas Glück bekommt man dazu auch Musik im Pavillion serviert.

Kristallschleifer Wurm (Lutzelbourg)

Feinstes Glas aus böhmischer Tradition. Serge Wurm schleift in seiner Werkstatt die erstaunlichsten Muster und Verzierungen in kristallklares Glas. So wie er es von seinem Vater Hans und der wiederum von seinem Vater in Böhmen gelernt hat. Die Auswahl ist groß, und beeindruckend sind die Fotos der Arbeiten von Serges Großvater. Aber auch was heute in Lutzelbourg geschaffen wird, ist es wert, erhalten zu werden.

Abseits der Trampelpfade

Straßburg

Kaum jemand käme auf die Idee, ins Elsass zu fahren, ohne auch Straßburg zu besuchen. Nicht etwa, weil es die Hauptstadt der Region ist, sondern weil Straßburg wirklich viel zu bieten hat. Hier fügen sich die einzelnen Momente der elsässischen Geschichte zu einem gemeinsamen und prachtvollen Schauspiel zusammen. So gesehen sind die Wege für die Gäste in Straßburg praktisch vorgegeben. Petite France, Europaparlament, die Ill-Rundfahrt und natürlich das Münster. Aber darüber hinaus gibt es in dieser Stadt auch vieles andere, das lohnt, gesehen zu werden. Schon allein, weil es vom Elsass erzählt.

Angesehen: Entlang der Spazierwege an der Ill blicken sich am Abend verliebte Paare tief in die Augen, während ganz in der Nähe auf den Bühnen der berühmten Choucrouterie über das heutige Elsass gewitzelt wird.

Umsicht: Der Weg über die 329 Stufen zur Aussichtsterrasse des Münsters lohnt sich allemal.

Lagunenflair: Straßburg ist im Grunde eine Insel. Rings um das puppenkastenhübsche »Petite France« kommt mitunter sogar eine romantische Venedigstimmung auf.

Kronenbourg
WARSTEINER

Feierabend: Die Restaurants entlang der Ill gehören zu den beliebtesten Ausflugszielen. Im Viertel »Petite France«, wo im 16. Jahrhundert ein Hospital für Geschlechtskranke eingerichtet wurde, fühlen sich die Gäste offenbar am wohlsten.

Museumsflair: Das Gasthaus zum Hirsch aus dem 14. Jahrhundert ist heute Teil des Musée de l'Oeuvre Notre-Dame ...

Das geht mir hier ziemlich auf den Keks«, sagte der Mann im Straßburger Münster und klopfte dabei mit dem Buch, das er in der rechten Hand hielt, auf die offene linke Hand. Aber er meinte nicht den Ort, sondern vielmehr die Umstände, die ihn umgaben. Der Mann war Klassenlehrer von einer der vielen deutschen Schulklassen, die regelmäßig im Elsass und besonders in Straßburg zu mehrtägigen Ausflügen unterwegs sind. In diesem Moment hatte er alle Hände voll zu tun, seine Schüler so ruhig zu halten, dass er ihnen aus seinem Führer etwas zur Geschichte des Münsters vorlesen kann. Allerdings schien sein Vorhaben nicht auf allzu viel Gegenliebe zu stoßen. »Ich kann das auch lassen«, drohte er. »Dann gehen wir halt gleich ins Museum.« Das wirkte offenbar. Die Schüler beruhigten sich, und der Lehrer redete weiter über das Münster. Die Besucher Straßburgs gehen meist alle die gleichen Wege: zum Münster, zum Schloss Rohan, zum Musée de l'Oeuvre Notre-Dame, ins Viertel Petite France und zum Europaparlament. Selbst wenn man sich nicht an den Stadtführern oder den Empfeh-

... ebenso der gotische Garten des Dominikaners Albertus Magnus mit alten Grabplatten.

lungen der Tourismusbüros orientiert, sind diese Wege praktisch vorgegeben, und wenn man sich in dem Besucherstrom einfach treiben lässt, landet man zwangsläufig auf genau diesen Trampelpfaden. Wohlgemerkt: Enttäuscht ist danach niemand. Denn der Erfolg des Straßburgtourismus beruht darauf, dass jeder genau das bekommt, was er sich wünscht. Aber trotzdem: Wer sich irgendwann aus dem großen Strom der Besucher ausklinkt, wird auch dafür belohnt.

»Warum hat das Münster nur einen Turm?«, fragte einer der Schüler am Ende der Ausführungen. Alles Mögliche hatte der Lehrer aus seinem Führer vorgetragen. Dass das Münster im Jahr 1015 auf den Grundmauern einer rhenanischen Basilika gebaut wurde, dass davor an derselben Stelle ein Heraklestempel stand, dass zwischen dem Bau der Fundamente bis zur Fertigstellung der Turmspitze drei Jahrhunderte verstrichen, dass das Münster mit seinen 142 Metern Höhe bis zum 19. Jahrhundert als das höchste Bauwerk der Christenheit galt, und natürlich einiges über die berühmte astronomische Uhr mit ihrem Puppenspiel.

Aber die Frage nach dem zweiten Turm blieb unbeantwortet. Der Lehrer blätterte noch einmal durch seine Seiten und musste klein beigeben.
»Keine Ahnung«, sagte er. »Das steht nirgends drin.«
»Vielleicht ist ja ein Flugzeug reingeflogen«, witzelte einer der Schüler.
»Blödmann«, wies ihn ein Mädchen daneben zurecht.
Tatsache ist, dass eigentlich niemand genau zu wissen scheint, warum das Straßburger Münster nur einen Turm hat. Sicher ist nur, dass der zweite nie gebaut wurde und dass der Baumeister, Erwin von Steinbach, der im Jahr 1284 damit begann, die Westfassade im gotischen Stil zu gestalten, zu früh starb, um seinen Entwurf zu vervollständigen. Von dem einen Turm, an dem bis ins Jahr 1365 hinein gebaut wurde, war zu diesem Zeitpunkt noch gar nicht die Rede. »Münsterzipfel« nennen die Straßburger liebevoll-spöttisch ihren Turm, und wer weiß: Vielleicht war dieser Zipfel ursprünglich gar nicht im Sinne Erwin von Steinbachs. Zumal das Münster auch ohne ihn einen imposanten Eindruck machen würde. Definitiv wird man das nie feststellen können. Denn Meister Erwin verabschiedete sich von seinem irdischen Leben, nachdem die Galerie der Apostel oberhalb der großen Rosette fertiggestellt war. Die Frage ist also im Grunde genommen nicht, warum das Straßburger Münster einen Turm zu wenig hat; die Frage müsste lauten: Warum hat das Straßburger Münster einen Turm?
Während die Schüler mit ihrem Lehrer den Rundgang über die unvermeidbaren Stationen der Altstadt fortsetzten, stiegen wir etwas weiter

Originalgetreu: Was am Münster an Verzierungen und Figuren zur Sicherheit durch Kopien ersetzt wurde, gibt es im Musée de l'Oeuvre Notre-Dame im Original (linke Seite und ganz oben). Aber der große Renner ist immer noch die Münsteruhr mit dem Puppenspiel (oben).

westlich davon, an der Rue des Francs-Bourgeois, in die Straßenbahn. Sie ist zu Recht der Stolz der Stadtplaner. Futuristisch, leise und nicht zuletzt wegen ihrer großen Panoramafenster eine der besten Möglichkeiten, Straßburg kennenzulernen. Leise surrend gleitet sie wie ein Raumschiff über die Schienen und bietet ganz nebenbei eine architektonische Zeitreise. Place Kléber, Place de l'Homme de Fer, der wilhelminische Bahnhof – und schon ist man mitten im deutschen Kaiserreich und hat einige der verschiedenen Stationen der Straßburger Geschichte erlebt.
Im Licht der französischen Geschichte ist das Elsass alles andere als eine Provinz im Abseits. So hatte etwa Napoleon, als er seinen Siegeszug begann, unter seinen treuesten und fähigsten Generälen einige gebürtige Elsässer. Kléber war einer davon, und wie die Namen unschwer erraten lassen, waren Kellermann und Rapp andere Beispiele dafür. Umso begeisterter wurde Napoleon deshalb im Elsass aufgenommen. Aber was das Elsass als Knotenpunkt der französischen Geschichte angeht, gibt es sicherlich noch mehr anzuführen.
Drei Jahre, nachdem im Revolutionsjahr 1789 das Rathaus gestürmt wurde, gab der neu gewählte Straßburger Bürgermeister Dietrich bei einem Hauptmann namens Claude Joseph Rouget de Lisle ein revolutionäres Kampflied in Auftrag. In der Nacht vom 25. auf den 26. April 1792 präsentierte de Lisle im Haus des Bürgermeisters das Ergebnis, inbrünstig und offenbar überzeugend. Denn die Melodie, die als Muntermacher für die aus Marseille stammenden Freiwilligen

Europaparlament: Raumschiff und Schaltzentrale

Es war von Anfang an eine Sache des Prestiges, und deshalb spielte Geld bei der Planung und dem Bau europäischer Strukturen in Straßburg keine wesentliche Rolle. Das teuerste Gebäude ist jenes, das heute »Europa-Raumschiff« genannt wird. Gemeint ist damit das modern blitzende Parlamentsgebäude, das man auf besonders eindrucksvolle Weise vom Wasser aus sieht.

Rund 450 Millionen Euro kostete der Bau für die derzeit 785 Abgeordneten, der erst knapp vor der Jahrtausendwende fertiggestellt wurde. Genau 50 Jahre also, nachdem zehn europäische Staaten Straßburg zum Sitz des Europarates machten, und 22 Jahre nachdem das Europäische Parlament begonnen hatte, in Straßburg zu tagen. Doch das Ergebnis ist beeindruckend und enthält einen Ideenreichtum, den man den Parlamentariern, die hier arbeiten, nur wünschen kann.

Pierre Untereiner, der für den Bau verantwortlich zeichnete, erzählt von den Grundgedanken. Jedes Mitgliedsland der Europäischen Union im Einzelnen vorkommen zu lassen, wäre natürlich unmöglich gewesen, nicht aber die Darstellung zumindest zweier verschiedener Ausdrucksformen im Dialog: Kreis und Ellipse – sozusagen

als Paten für die länderspezifischen Meilensteine durch die Kulturgeschichte zwischen Klassik und Barock. Im Ergebnis ist der äußere Grundriss des Parlaments ein Kreis, der eine Ellipse im Inneren umschließt. Der Kreis ist Symbol für ein Zentrum, das zur Welt spricht, die Ellipse eine dynamische Form, die sich ohne einen geometrischen Mittelpunkt in Bewegung setzt. Spätestens beim Plenarsaal im Herzen des Gebäudes werden solche Assoziationsspiele dann offensichtlich. Das moderne Amphitheater, das übrigens drei Wochen im Monat leer steht, ist in ein riesiges Holzei eingebettet. – Auf dass hier erfolgreich gebrütet werde! Die eigentliche Politik wird freilich in den ledernen Separees gemacht, die wie riesige zusammengerollte Bauchbinden im Foyer vor dem Saal aufgestellt wurden. Zwischendurch bleibt dann immer noch genügend Zeit, um zur Kaffeepause zu schreiten. Die Parlamentarier und ihre Mitarbeiter wandeln dabei übrigens in einem künstlichen Blumenmeer, das eigens für den europäischen Boden auf einen Teppich gedruckt wurde.

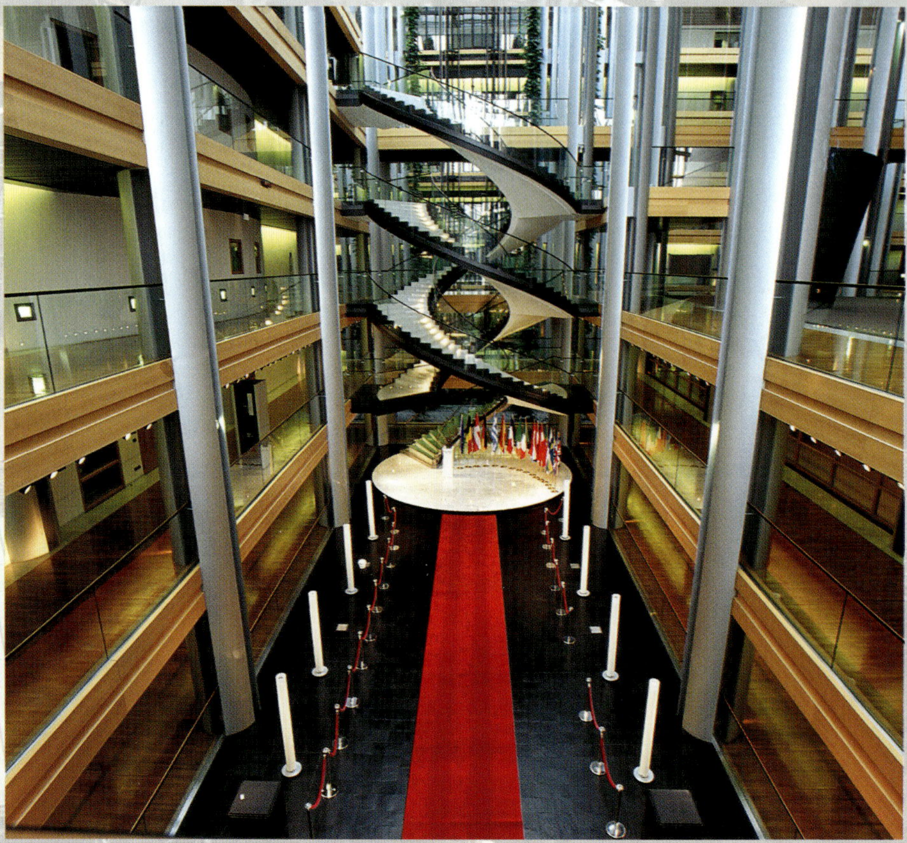

der Rheinarmee gedacht war, machte in Windeseile die Runde, nistete sich als Ohrwurm im Kopf aller Franzosen ein und wurde als »La Marseillaise« schließlich zur Nationalhymne.

Was die »ville allemande«, also das deutsche Viertel angeht, das ab dem Jahr 1871 von den neuen deutschen Herren des Elsass um die alte Stadt herum gebaut wurde, hatten die Straßburger lange Zeit Mühe, sich damit anzufreunden. Gleich nach dem Ende des Zweiten Weltkriegs wurde zeitweise sogar darüber gesprochen, den als Provokation empfundenen wilhelminischen Pomp wieder abzureißen. Aber zum Glück fehlte damals für solch radikale Stadtplanung das Geld. So blieb die »ville allemande« einfach das jüngste und ungeliebte Kind des deutsch-französischen Tauziehens, wurde inzwischen zum Wohnsitz der zweitgrößten jüdischen Gemeinde Frankreichs und erfuhr seitens der Stadtväter erst Mitte der Achtzigerjahre eine Würdigung, die architektonischer und nicht mehr national-emotionaler Natur war. Dafür mag vielleicht auch der Umstand Rechnung getragen haben, dass sich selbst Wilhelm II. von seinem 1883 gebauten Kaiserpalast an der heutigen Place de la République distanzierte. Spöttisch gab er dem Bau den Namen »Elefantenhaus« und kümmerte sich nicht weiter darum.

Zurück in die Altstadt auf der gleichen Linie. Etwas weiter südlich überquert die Straßenbahn bei der St.-Nicolas-Kirche die Ill. Auf der anderen Seite liegen die Stadtteile Krutenau und Finkwiller; darunter schipperte an diesem Tag eines der offenen Touristenschiffe vorbei. Ein Eindruck aus dem Augenwinkel: Saßen da nicht Schüler drinnen und ein Lehrer, der sich mit dem Buch, das er in der rechten Hand hielt, nervös auf die offene linke Hand klopfte?

Diese Bootsfahrten gehören zum regulären Pfad der Touristen und verschaffen ihnen über Kopfhörer eine wässrige Lehrstunde über das Straßburg entlang der Ill. Kichern stellt sich bei den Schülern in dem Moment ein, in dem das Schiff durch das malerische »Petite France« geschleust wird. Der Name leitet sich ab von der einst weit verbreiteten Geschlechtskrankheit Syphilis – im Volksmund lange Zeit »französische Krankheit« genannt –, die hier in einem eigens dafür errichteten Hospital bekämpft wurde.

Langsam vervollständigt sich das Bild. Straßburg ist also eine Stadt, in der die jüdische Gemeinschaft im deutschen Viertel wohnt, elsässische Generäle für die französische Armee rekrutiert wurden und deutsche Soldaten sich vielfach die französische Krankheit holten. Wenn das kein Stoff für Kabarettisten ist!

Tatsächlich ist der oberste und populärste elsässische Kabarettist im Elsass, Roger Siffer, der Überzeugung: »Das Kabarett ist ein typisch elsässisches Phänomen. Denn es gab so viel Traurigkeit, dass das Kabarett zu einem notwendigen Ventil wurde.« Mit dieser Eigenart der Elsässer erklärt sich Siffer jedenfalls auch das Doppelleben von Leuten wie Germain Müller. »Der war in den Siebzigerjahren tagsüber Beigeordneter zum Straßburger Bürgermeister Pierre Pflimlin, also eine bedeutende Persönlichkeit, und abends auf der Bühne Kabarettist«, so Siffer. »Barabli«, Regenschirm auf Elsässisch, hieß das Müllersche Theater damals, und Roger Siffer holte sich dort das nötige Know-how, das er später nutzte, um sein eigenes Theater in einer ehemaligen Sauerkrautfabrik im Stadtteil Finkwiller aufzumachen.

Längst ist die »Choucrouterie« eine besonders erfolgreiche Institution. Im

Hotelstunden: Das Hotel Regent Petite France ist keine Unterkunft für den kleinen Geldbeutel, aber eine, die man nicht enttäuscht verlässt.

dazugehörenden Restaurant kann man sich inmitten von Schauspielern, Politikern und Fans genüsslich laben, und die beiden Säle sind regelmäßig ausverkauft.
Von den Sporen, die sich Roger Siffer bei Germain Müller geholt hat, einmal abgesehen: Siffers Karriere als Entertainer begann, als er einmal, tüchtig angeheitert, im Kreis von Freunden lauthals elsässische Kinderlieder sang. Bis zu diesem Zeitpunkt hatte er, wie so viele, sein elsässisches Elternhaus vor seinen Freunden geheim gehalten. Französisch war die Sprache, die man in der Öffentlichkeit zu sprechen hatte, zumal unter Studenten. Mehr noch: Wenn Roger Siffer auf seinen Akzent angesprochen wurde, sagte er früher einfach, er sei in Nordafrika geboren worden und klinge deshalb so komisch. So ging das bis zu jenem Abend, als er beschwingt seine Kinderlieder zum Besten gab. Aus diesem Outing wurde bald ein Programm, aus dem Programm eine CD, und aus der Überraschung darüber, dass sich diese CD rund 40000 Mal verkaufte, eine neue Erkenntnis: Es ist allerhöchste Zeit, die elsässische »Sproch« vom Privaten in die Öffentlichkeit zu bringen: »Jede Sprache ist ein Fenster zur Freiheit«, meint Siffer, und schon beginnt er anhand eines Begriffs zu erläutern, wie nur die Vielfalt der Sprachen Bilder vollständig malen kann: »Escalier«, lässt er sich etwa auf der Zunge zergehen und erklärt mit einem romantischen Blick, dass er sich dabei ein elegant geschwungenes Stiegenhaus vorstellt. »Treppe«, betont er knapp und beschreibt eine gerade Stiege zum Dachboden, und »Schtai«, sagt er dann zum Dritten mit einem zufriedenen Lächeln und sieht eine Sandsteintreppe im Geiste vor sich, die in einen wohlsortierten elsässischen Weinkeller führt.

Kabarett: Auf den Bühnen der berühmten Choucrouterie wird über das heutige Elsass gewitzelt.

Die Sache mit der Mehrsprachigkeit hat Roger Siffer sogar in das Programm seines Theaters aufgenommen. Nicht vermischt wohlgemerkt, eher nebeneinander. Denn eine der erfolgreichsten Revues, die in der Choucrouterie über die Bühne geht, ist eine, die praktisch gleichzeitig, auf zwei Säle verteilt, in französischer und in elsässischer Sprache gegeben wird. Das gleiche Programm, die gleichen Gags, nur eben vor zwei unterschiedlichen Zuschauergruppen und aus organisatorischen Gründen 15 Minuten voneinander versetzt. Die Schauspieler rennen zwischen den Bühnen hin und her und ernten neben dem doppelten Applaus auch die Erkenntnis, dass Franzosen und Elsässer meistens über die gleichen Dinge lachen.
Am Ende der einen Vorstellung warten Teile des elsässischen Publikums dann in dem Hof der Choucrouterie auf ihre Freunde aus dem französischen Publikum.
Kann man daraus etwas lernen? Vielleicht, dass die Elsässer nach Lust und Laune entscheiden, ob sie sich die französische oder die dialektale Show ansehen; möglicherweise, dass die einen immer nur die elsässische Show besuchen und die anderen immer nur die französische; in jedem Fall aber, dass die Freundschaften über den Sprachunterschied hinausgehen, selbst wenn man in zwei verschiedenen Sälen landet. Ist der Unterschied zwischen den rein französischen Elsässern und ihren deutsch sprechenden Mitbürgern vielleicht mehr politisch als ein Gefühl?
»Na ja«, sagt Roger Siffer und erzählt schmunzelnd von seinem Vater, der bei Eurovisionssendungen, die auf

Winkelblicke: Egal, aus welcher Perspektive: ob von oben, aus einem Fenster des Hotels Regent Petite France (oben) oder von unten, die verwinkelten Häuser der Straßburger Altstadt sind jeden Augenblick wert.

mehreren Kanälen in verschiedenen Sprachen ausgestrahlt werden, immer die deutsche Fassung wählt.

»Ich habe meinen Vater mal darauf angesprochen, und er hat mir geantwortet, dass das Bild auf dem deutschen Sender besser sei.« – Dass Vater Siffer einfach lieber einen deutschsprachigen Sender einschaltet, würde er selbst und auch sonst wohl niemand im Elsass offen zugeben.

»S Läwe isch a Tango – das Leben ist ein Tango«, sagen die Elsässer und meinen damit, dass es immer mal ein paar Schritte vor und dann wieder einige zurück geht. Und ein anderer Star der Choucrouterie, nämlich die stattliche Kabarettistin und Essayistin Huguette Dreikaus, fügt noch hinzu, dass die Elsässer eben zwischen zwei Stühlen sitzen und deshalb einen breiten Hintern brauchen, um nicht in eine affektive und kulturelle Leere zu plumpsen. Das Geheimnis der Choucrouterie: Auf der Bühne besteht diese Gefahr nicht, eher schon im Zuschauerraum.

Ein anderes typisch elsässisches Phänomen ist es wohl, dass die Zuschauer aus der elsässischen Show herauskommen und im Theaterrestaurant bei einem Gugelhupf und einem Glas Wein miteinander reden – auf Französisch.

Nachts ist Straßburg am schönsten. Einige Paare schlendern verliebt an der Ill entlang, aus den Weinstuben und Kneipen dringt mitunter einheimische Gemütlichkeit, und das Münster verbreitet in seinem aus Licht geschaffenen Abendkleid ein zeitlos-mystisches Flair.

An diesem Abend und zu dieser Zeit war nur noch wenig los auf dem Münsterplatz. Nur eine Gruppe von Schülern stand um ihren Lehrer herum. Offenbar war dies der Treffpunkt, bevor es wieder ins Hotel zurückging, und es sah so aus, als fehlten ein paar Schüler. Während wir uns entfernten, konnte man nur noch sehen, wie der Lehrer mit dem Buch, das er in seiner rechten Hand hielt, nervös auf die offene linke Hand klopfte und dabei etwas murmelte.

Wissenswertes

Choucrouterie

Sauerkraut und mehr. Zu sehen gibt es vieles, ob auf der Bühne oder im Lokal. Wer in die elsässische »Sproch« eintauchen will, ist bei einem der Kabarettabende an der richtigen Stelle. Danach lässt es sich zusammen mit den Akteuren oder dem Kopf des Kleinkunsttheaters, Roger Siffer, bei einem Glas Wein und guter Küche genüsslich über Politik und Elsass reden. Aber auch für Menschen, die weniger am Theater interessiert sind, ist das Gasthaus ein guter Tipp.

Bootsfahrt auf der Ill

Natürlich eine Sache für Touristen, aber ein guter Weg, mit Straßburg Bekanntschaft zu machen. Auf der Ill lässt es sich gemach um Straßburg schippern, und aus den Kopfhörern bekommt man erste Informationen, die man beim nachfolgenden Spazieren durch die Stadt gut gebrauchen kann.
Boote gibt es in gedeckter und ungedeckter Version. Die Touren, die jeweils hinter dem Schloss Rohan beginnen, sind praktisch bei jedem Wetter möglich.

Maison Kammerzell

Eines der wahren Topmotive in Straßburg. Direkt auf dem Münsterplatz und als Foto auf jedem Postkartenständer. Aber auch hier lohnt es sich, das Gebäude nicht nur von außen zu betrachten. Auf vier Stockwerken kann man elsässische Weine kennenlernen, und wer es beim Nachhauseweg gerne kürzer hat, trifft mit einem der Zimmer im angeschlossenen Hotel eine vorzügliche Wahl. Ruhig, verschachtelt und romantisch.

Museum L'Oeuvre Notre-Dame

Was am Münster an Steinfiguren durch Kopien ersetzt wurde, bekommt man hier im Original zu sehen. Darunter auch die berühmten törichten und weisen Jungfrauen, die für die Westfassade entstanden. Aber in diesem Museum gibt es nicht nur Münster-Gestalten, sondern hier ist unter anderem auch das berühmte Wissembourger Glasfenster mit dem Christuskopf aus dem Jahr 1065 zu sehen.

Museum im Schloss Rohan

Schwer zu sagen, was an dieser Stelle die größere Aufmerksamkeit auf sich zieht: das Schloss oder dessen Inhalt. Das im Jahr 1731 gebaute Schloss diente als Residenz der Fürstbischöfe. Gebaut wurde es im Auftrag von Ludwig XV. von seinem höfi-

schen Baumeister. Im Inneren locken die reichen Appartements der früheren Hausherren, ein archäologisches Museum und ein Kunstmuseum über die europäische Malerei von Giotto bis zum 19. Jahrhundert.

Straßburger Münster

Der Elsässer Barde, René Egles, dichtete einmal eine Parabel zum Straßburger Münster. Vor vielen Millionen Jahren, so der Barde, war hier alles von einem riesigen Meer

bedeckt. Das Meer zog sich zurück, der Sand blieb und wurde mit der Zeit zu jenem Sandstein, aus dem später das Straßburger Münster gebaut wurde. Heute beginnt der Sandstein wieder zu zerbröckeln. Der Sand rieselt in die Ill, die Ill fließt in den Rhein und der Rhein schließlich ins Meer. Und so, vermutet René Egles, wird die Geschichte irgendwann wieder von vorne losgehen. Natürlich hat der satirische Barde den Lebenslauf des Münsters etwas kurz gefasst. Aber ein Körnchen Wahrheit steckt drin. Denn der zerbröckelnde Sandstein bereitet den Straßburgern tatsächlich etwas Sorge. Das Münster ist eine ständige Baustelle. Wer den Turm erklimmen will, sollte nicht allzu viel Gepäck dabei haben. Denn auf dem Weg über die 329 Stufen zur Aussichtsterrasse wird es richtig eng. Doch vor allem bei klarem Wetter lohnt die Mühe, der Blick ist beeindruckend. Bis zum Beginn des vergangenen Jahrhunderts ritzten Steinmetze auf der Aussichtsterrasse die Namen prominenter Besucher in den Sandstein. Heute sollte man das vermeiden, denn so eilig braucht die Parabel des Barden wirklich nicht vollzogen zu werden. Sehenswert ist auch die Münsteruhr mit dem Puppenspiel um 12.30 Uhr.

Straßenhändler und Souvenirs

Mal ehrlich: Gehören Sie auch zu jenen Touristen, die Souvenirläden schon lange nicht mehr sehen können? Dann werden die Geschäftsleute rund um das Münster glücklich darüber sein, Sie eines Besseren belehren zu können. Zwischen Porzellanfiguren und verzierten Silberlöffeln lässt sich nämlich oft noch wirklich Schönes finden.

Hotel Gutenberg

Eine gute Adresse. Das Hotel liegt abseits vom großen Trubel und doch nur ein paar Schritte vom Münster entfernt. Schöne Zimmer mit jedem Komfort, nur ein Auto sollte man nicht dabei haben; die Garage in der Place Gutenberg, ist zwar nur ein paar Schritte vom Hotel (Rue des Serruriers) entfernt, gehört aber nicht zum Hotel und erhöht das Übernachtungsbudget beträchtlich.

Maison des Tanneurs Gewerstub

Spätestens während einer Bootsfahrt bekommt man Lust, diese Adresse aufzusuchen. Und die Idee ist gar

nicht so schlecht. Denn wenn man anspruchsvollere Menükarten nicht scheut, ist man in diesem Restaurant im Herzen der »Petite France« im wahrsten Sinne des Wortes gut bedient. Als Gruß von der Küche bekommt man erst mal einen Zwiebelkuchen serviert, und der Jambon mit Sauerkraut, das Eisbein also, ist schon oft gelobt worden.

Elsässisches Museum

Im Inneren zweier schmucker, eigens miteinander verbundener Nobelhäuser des 17. und 18. Jahrhunderts bekommt man im »Musée Alsacien« das Beste elsässischer Volkskunst zu sehen, organisiert und aufgeteilt nach Regionen. Alles in allem zeigt sich hier jenes Elsass, das der berühmte Hansi immer wieder dargestellt hat – sozusagen die Vorlagen für Hansis idealisierte Welt der elsässischen Seligkeit.

D 280-75.H.

Perlen und Menschen-trauben

Die Weinstraße

Straßen entlang eines thematischen Fadens gibt es gleich mehrere im Elsass. Die Sauerkrautstraße, die Karpfenroute, die Romanische Straße ... Aber zweifelsohne die berühmteste unter ihnen ist die Weinstraße zwischen Marlenheim und Thann. Nicht nur wegen der weit verbreiteten Möglichkeiten, Bacchus zu huldigen, sondern wegen allem, das sich entlang der Weinstraße eben so bietet. Denn in Wahrheit haben Sauerkraut-, Tabak- und die Romanische Straße viele Kilometer mit der Weinstraße gemein.

Genuss-Speicher: Im Keller des Weinguts von Jean-Charles Vonville reift der berühmte Rouge d'Ottrott.

CADEAUX
GRANDS
BLANCS

Fachgerecht: Die liebevoll restaurierten Fachwerkhäuser sind ein Aushängeschild des touristisch erfolgreichen Elsass.

Mittelbergheim an der Weinstraße gilt als eines der schönsten Dörfer des Elsass. Seit 1456 wird hier das sogenannte Weinschlagbuch geführt, in dem die Weinpreise verzeichnet sind.

Kaiserblick: Das Schloss Haut-Koenigsbourg ließ Wilhelm II. aus einer alten Hohenstaufenburg aus dem 12. Jahrhundert neu bauen.

Spielen wir ein kleines Assoziationsspiel. Gäbe jemand als Stichwort »Pisa« vor, würde der Befragte in jedem Fall »Turm« sagen, beim Wort »Ägypten«, hieße die Assoziation »Pyramide«, und hören die meisten Deutschen »Elsass«, denken sie spontan an die Weinstraße. Praktisch jeder, der schon mal im Elsass war, kennt einen der vielen »Geheimtipps« entlang der 170 Kilometer langen Straße, dabei ist jeder Geheimtipp mindestens so besonders wie der nächste.

Erstaunlich: Die Weinstraße, so wie sie sich heute von Marlenheim im Norden bis nach Thann im Süden durch die sanften Hügel zwischen den Vogesen und der Rheinebene schlängelt, hat sogar eine offizielle Geburtsstunde. Ab diesem Moment, nämlich dem Jahr 1951, waren die ganzen zauberhaften Winzerdörfer des Elsass wie Perlen an einen offiziellen Faden aufgereiht, und die Touristen, die jetzt herkamen, konnten sich – fast wie beim Rosenkranzbeten – von Perle zu Perle bewegen.

Natürlich gab es die Weinstraße in einer anderen Form auch schon vor dem Jahr 1951, und natürlich reisten da-

dem Jahre 1000, und Papst Leo IX., ein gebürtiger Elsässer aus Eguisheim, soll das damalige Gotteshaus bei seiner Durchreise im Jahr 1049 persönlich eingesegnet haben.

Metzgerturm in Ribeauvillé

Unübersehbarer Mittelpunkt der schmucken Bürgerhäuser in Ribeauvillé ist der sogenannte Metzgerturm, ein viereckiger Torturm aus dem 14. Jahrhundert, der die Unterstadt von der Oberstadt trennt. Erklimmen kann man ihn leider nur mit einer Sondergenehmigung, aber sehenswert ist er auch von unten.

Albert-Schweitzer-Museum (Kaysersberg)

Viel Zeit verbrachte der Arzt und Denker nicht in Kaysersberg. Aber jedenfalls lebte er die ersten prägenden Jahre in dem Haus, das heute ein Museum ist, und das Harmonium, auf dem Albert Schweitzer gerne spielte, steht noch da, als würde es bald einen Ton von sich geben. Aber leider ist es so wie überall: Berühren strengstens verboten.

Haut-Koenigsbourg

Zur Zeit des deutschen Kaiserreichs, als die Elsässer mit aller Kraft und der Unterstützung von Künstlern wie Jean-Jacques Waltz alias Hansi ihren Unmut über die neuen deutschen Herren kundtaten, machte Sélestat, das zu dieser Zeit Schlettstadt hieß, Wilhelm II. ein Geschenk, von dem sich damals wohl niemand richtig vorstellen konnte, was der Beschenkte damit anfangen sollte. Es war eine zerfallene Burg, die die Hohenstaufer im 12. Jahrhundert auf einem 757 Meter hohen Vogesenfelsen gebaut hatten. Der Kaiser zögerte nicht lange und beschloss – zum Schrecken vieler Kunsthistoriker – ein deutliches Signal zu setzen: Im ersten Jahr des 20. Jahrhunderts gab er dem damals recht unbekannten deutschen Architekten Bodo Ebhard den Auftrag, die Burg vollständig und mit allem Pomp zu restaurieren. Das Ergebnis war eine majestätische Anlage, die mit den ursprünglichen Ruinen nichts mehr gemein hatte. Sieben Jahre wurde daran gebaut, und als es fertig war, wusste wohl niemand genau, wie man auf dieses Mach(t)werk reagieren sollte. Politische Architektur, mächtige Prahlerei? Einerlei, dachten sich die Elsässer mit der Zeit, und so wurde Haut-Koenigsbourg zu einem beliebten Ausflugsziel für die ganze Familie. Ein bisschen Disneyland, eine ganze Menge Wagnergeschmack und viel junge Zeitgeschichte prägen den Ort noch heute. Aber wenn man genau hinsieht, erkennt man auch den guten Willen des Architekten, etwas von der alten Burg in der neuen unterzubringen. Und das ist dann doch versöhnlich.

Hohe Küche, Hechte und Humanisten

Das Ried – die Ebene

Everglades des Elsass nennen die Freunde des Grand Ried wegen des Wasser- und Fischreichtums dieses Gebiet. Natürlich: Krokodile gibt es hier weniger, dafür aber viel Kultur zum Ausgleich. Und apropos Krokodil: Dieses Tier evoziert sofort Assoziationen mit einem der berühmten Drei-Sterne-Köche im Elsass, mit Émile Jung nämlich, vom »Crocodile« in Straßburg. Dabei ist ein mindestens so prominenter Drei-Sterne-Kollege Jungs gerade hier im Grand Ried zu Hause. Nämlich Marc Haeberlin, Sohn des 2008 verstorbenen Meisterkochs Paul Haeberlin. Dieser sorgt in der »Auberge de l'Ill« für weltberühmten Geschmack.

Illhaeusern: Hier befindet sich mit der »Auberge de l'Ill« ein international renommierter Gourmettempel.

MENTEL
DE
SCHLESTADT
INVENTEUR
DE L'IMPRIMERIE

Perlenturm: Das Städtchen Benfeld mit seiner Pfarrkirche St-Laurent macht als Perle des Rieds den bekannteren Perlen entlang der Weinstraße Konkurrenz.

jährigen Sohn Beat schickte der Vater bald in die inzwischen schon recht bekannte Lateinschule, deren Leitung nach dem Tod Dringenbergs ein Mann namens Kraft Hofmann übernommen hatte.

Es dauerte wohl nicht lange, bis Rektor Hofmann feststellte, dass er mit seinem neuen Schüler Beat einen besonders klugen Eleven in seinen Reihen hatte. Allein das Schulheft des Dreizehnjährigen – übrigens eines der wenigen, die man bis in die heutige Zeit hinüberretten konnte – ist einzigartig. Und es vermittelt einen veritablen Einblick in die Unterrichtswelt des ausgehenden 15. Jahrhunderts. In dieser Zeit bekam der junge Beat Rinauer nach alter Sitte der Humanisten auch seinen lateinischen Namen verpasst: Beatus Rhenanus.

Im Laufe seines Lebens sammelte Rhenanus wissbegierig und fast wie besessen alles, was er an Manuskripten, Inkunabeln und Büchern in die Hände bekommen konnte. Hilfreich war ihm dabei neben seiner sorgenfreien finanziellen Position natürlich auch die Freundschaft zu Gelehrten wie Erasmus von Rotterdam oder Buchdruckern wie Johannes Froben, bei dem er als Korrektor arbeitete. Am Ende seines Lebens besaß Rhenanus nicht weniger als 670 in Leder gebundene Bücher und damit einen für diese Zeit unglaublichen Schatz, und als er im Jahr 1547 starb, war es sein letzter Wille, dass diese Sammlung der Bibliothek seiner Schule in Schlettstadt vermacht werden soll.

Entsprechend ehrfürchtig bewegen sich die Besucher dieser ältesten öffentlichen Bibliothek Frankreichs durch den hohen Raum. In dem ehemaligen Kornspeicher riecht es nach Weisheit und Papier, und in den Schaukästen kann man unter anderem ein merowingisches Lektionar aus dem Jahr 630, Matthias Ringmanns »Cosmographiae Introductio«, eines der ältesten geografischen Kartenwerke, und natürlich das berühmte Schulheft des jungen Beat Rinauer bewundern.

Aber auch wer lieber im Freien flaniert, kommt in Sélestat auf seine Kosten. Zumal wenn einem als stressgeplagten Besucher der mitunter überfluteten Spitzenziele entlang der Weinstraße der Sinn nach etwas Ruhigerem steht. Der Eindruck beim Spazieren ist der einer Stadt, die einfach nur Stadt ist – statt Touristenhochburg. Die altehrwürdigen Bürgerhäuser, die romanische Kirche Ste-Foy aus dem 11. Jahrhundert und gleich in der Nähe die Pfarrkirche St-Georges mit ihrem in sämtlichen Farben schillernden, recht prachtvollen Chorglasfenster – für jeden Geschmack lässt sich leicht etwas finden.

Nur was den Geschmack betrifft: Wer wirklich exquisite Küche genießen will, der muss in jedem Fall zurück nach Illhaeusern und zu den Geschmacksmagiern im Restaurant von Marc Haeberlin.

»Kommen Sie mit«, sagte dieser freundlich. »In meinem Büro können wir besser reden.«

Wie das Büro eines Spitzenkochs wohl aussehen mag? Marc Haeberlin geht voraus. Durch die Küche zuerst, wo er im Vorbeigehen noch in einige Töpfe hineinschnuppert und in andere hineinlugt, dann geht es in ein kleines Zimmer am hinteren Ende der Küche, von dem aus er alles überblicken kann. Überall stehen Bücher – Fachbücher, versteht sich – über Gewürze, berühmte Küchen und Geschmäcker.

»Bitte nehmen Sie Platz«, fordert uns Haeberlin auf. Viel Zeit hat er eigentlich nicht. Der Vormittag ist schon halb vorbei, und in der großen und hellen Küche herrscht zu diesem Zeitpunkt Hochbetrieb. Zahlreiche Helfer, Angestellte und Lehrlinge sind konzentriert und präzise mit einer bestimmten Aufgabe betraut.

Die Küche Haeberlins ist nicht nur eine Spitzenküche für anspruchsvolle Gaumen, sie ist auch eine Schulungsinstanz für viele, die es wirklich lernen wollen. Hier haben im Lauf der Zeit viele heutige Küchenstars wie beispielsweise Eckart Witzigmann gearbeitet. Damals noch unter der Aufsicht des Seniors, Paul Haeberlin. Er war auch derjenige, der in der hundertjährigen Geschichte der »Auberge de l'Ill« die Wende zur Haute Cuisine vollführte. Was in mehrfacher Hinsicht ein Knalleffekt war. Zuerst flog während des Zweiten Weltkriegs das alte Familienrestaurant mitsamt der Brücke in die Luft, dann begann Paul Haeberlin in einer kleinen Bretterbude zu kochen. Der Rest ist schnell erzählt. Im Jahr 1952 verlieh ihm Michelin seinen ersten Stern, 1957 den zweiten und zehn Jahre später den dritten. Als Marc Haeberlin die Leitung der Auberge übernahm, hatte er damit eine schwere Hypothek zu tragen. Aber er schaffte das meisterlich. Die »Auberge de l'Ill« gehört immer noch zu den zehn besten Restaurants der Welt.

»Wichtig war es für uns immer, an unserem ursprünglichen Grundprinzip festzuhalten«, erklärt Marc Haeberlin, und er meint damit die Nähe zu den elsässischen Wurzeln. Zwar wird man hier nie einen Sauerkrautteller mit Speck und Würsten serviert bekommen, denn »das bekommt man mindestens genauso gut oder besser woanders«. Aber die Verfeinerung von all dem, was die elsässische Küche im Innersten ausmacht, ist das, was die Haeberlins berühmt gemacht hat. Stör mit Sauerkraut und Kaviar steht zum Beispiel auf der Karte, ebenso ein Mosaik von Geflügelleber und Weingelee auf feinen Salaten oder Zander in Buttersauce mit Froschschenkelmousse. Ihre wahre Vollkommenheit erreichen die Haeberlins in der Kombination von Klassik und Raffinement.

Aber hat sich das Publikum verändert? Ist es heute schwieriger, die Klientel zu überraschen?

»Ja und nein«, sagt Marc Haeberlin und erklärt die Differenzierung seiner Antwort: Einerseits gebe es in Frankreich schon lange eine Tradition von guter Küche, und die Gäste, die hierher kommen, hätten nicht mehr oder weniger anspruchsvolle Gaumen als früher. Andererseits sei in anderen Ländern der Anspruch deutlich gestiegen. In Amerika zum Beispiel, wo man bis vor ein paar Jahren auch in den großen Küchen noch vergleichsweise sorglos mit verschiedenen Geschmacksrichtungen gespielt habe.

»Vor einiger Zeit wurde ich zum Beispiel von der Meridian Hotelkette als Berater verpflichtet«, erzählt Haeberlin und lächelt. »Jetzt kann man auch dort auf höherem Niveau speisen als früher.«

Die Zeit wird knapp. Bald werden die ersten Nobelkarossen auf dem kleinen Parkplatz des Hotels vorfahren, und Marc Haeberlin wird dafür sorgen müssen, dass alles so perfekt ist, wie es jeder von ihm erwartet.

Gerne hätte ich noch gefragt, was denn nun genau in dem Lunchpaket für die Journalisten am vorigen Tag war. Aber das wäre wohl ein bisschen zu plump gewesen, und so behielt ich die Frage für mich und verabschiedete mich mit einem ungelüfteten Geheimnis und ohne Lunchpaket.

Die Natur holt sich alles zurück: Maison de la nature in Ehnwihr.

Wissenswertes

Benfeld, eine Perle im Ried

Da soll einer noch sagen, dass die echten Perlen des Elsass nur entlang der Weinstraße aufgefädelt sind und ihren Charme vor allem den sanften Hügeln der Reblandschaft zu verdanken haben! Das hübsche Städtchen Benfeld in der Ebene ist wie geschaffen, den Gegenbeweis dazu anzustellen. Richtig romantisch und schmuck geht es hier zu, und zu sehen gibt es einiges. Angefangen vom mächtigen Renaissancehospital über die Pfarrkirche St-Laurent mit ihren barocken Grabmälern bis hin zum edlen Rathaus mit seinem verspielten Turm. Ein Blick auf die Uhr ist hier empfehlenswert. Denn zu jeder vollen Stunde läuft neben und über der Turmuhr ein kleines Puppentheater ab. Aus dem Fenster in der Turmhaube lugt eine Holzfigur hinaus, während gleich darunter ein Ritter und der Tod auf sich aufmerksam machen. Der eine mit einem Hammer, der andere mit seiner Sense. Die Zeit vergeht, und der »Fenstergucker« scheint darüber jedes Mal erneut zu erschrecken.

Neuf Brisach

Das Pentagon im Elsass. Allerdings wesentlich älter als das Pendant in Washington DC. Ludwig IV. ließ die Anlage im Jahr 1697 bauen, als er sich aus dem rechtsrheinischen Breisach zurückziehen musste. Baumeister war die Nummer eins unter den Festungsbaumeistern jener Zeit, nämlich Sébastien le Prestre, Seigneur de Vauban (1633–1707). Allerdings: Der beste Ruf konnte auf Dauer nichts nutzen. Als gegen Ende des Zweiten Weltkriegs die Bomben vom Himmel fielen, sank auch die Festungsanlage in Schutt und Asche. Das Gras, das langsam über die Geschichte gewachsen ist, erlaubt aber noch einen lohnenden Blick auf die Konturen der alten Stadt.

Abtei Ebersmunster

Die erste Ausflugsadresse im Grand Ried sozusagen. In Scharen pilgern Kulturinteressierte zu diesem beeindruckenden Exemplar barocker Baukunst. Die Abtei wurde von dem Baumeister Peter Thumb gleich zweimal gebaut. Denn die erste Anlage brannte schon bald nach ihrer Fertigstellung wegen eines Blitzeinschlags ab, weshalb der Architekt ein zweites Mal verpflichtet wurde. Das Ergebnis war dann umso prachtvoller.

Wasserburg in Osthouse

Zwar ist die Anlage Privatbesitz, und entsprechend zurückhaltend sollte man sich ihr nähern, aber ein Blick auf die Wasserburg macht einiges wett: zum Beispiel den Zutritt, der nicht erlaubt ist, und natürlich auch den Neid, den man den Besitzern gegenüber vielleicht verspüren könnte.

Maison de la nature in Ehnwihr

Wer sich ernsthaft über die Flora und Fauna des Grand Ried informieren will, sollte einen Abstecher zum Museum in Ehnwihr nicht scheuen. Zumal die Geschichte des Rieds

eine ganz schön lange ist. Sie erstreckt sich von der Eiszeit bis heute. Danach sieht man dann die sanften Flächen in der Ebene mit weit geologischer geprägten Augen.

Bootsfahrten

Das Glucksen des Grand Ried hautnah erleben. Direkt an der Abtei Ebersmunster ist die Anlegestelle für die kleinen Kähne, die einen durch die Wasserläufe schippern. Eintauchen in die Natur ist angesagt, hilfreich sind gute Augen und Ohren, um die Vögel entlang der Route wahrzunehmen. Infos über folgende E-Mail-Adresse: Info-grandried@wanadoo.fr.

Brotmuseum Sélestat

Neben der berühmten humanistischen Bibliothek ist dieses Museum das einzige in Sélestat. Dafür behandelt es ein Thema, das den meisten Men-

schen ein tägliches Anliegen ist, nämlich Brot. Davon abgesehen befindet es sich mitten in der Altstadt. Die Frage, ob es einen Umweg wert ist, stellt sich deshalb gar nicht.

Hotel des Berges (Illhaeusern)

Ursprünglich war der noble Bau ein Tabakspeicher. Aber heute sind die Düfte der nahe gelegenen und dem Betreiber anverwandten »Auberge de l'Ill« in diesem Hotel ausschlaggebend. Das komplette Verwöhnprogramm müsste

damit eine Nacht in diesem geschmackvollen Haus und ein Menü bei Starkoch Haeberlin beinhalten. Spätestens dann dürften eigentlich keine Wünsche mehr offen bleiben. (Tel. 0033-389-71 87 87) E-Mail: hotel-des-berges@wanadoo.fr)

Ste-Foy (Sélestat)

Auf dem Fischmarktplatz fällt die aus dem 11. Jahrhundert stammende romanische Kirche Ste-Foy ins Auge. Auch interessant: In der Krypta liegt eine »unbekannte Dame«, möglicherweise die Stifterin.

Auberge de l'Ill (Illhaeusern)

Es sei vorausgeschickt: Mindestens 150 Euro pro Kopf wird man in diesem Restaurant an Budget einkalkulieren müssen. Wer es aber getan hat (und entsprechend früh einen Tisch reserviert hat), wird die Erinnerung an die speziellen Gaumenfreuden noch lange Zeit mit sich tragen.

Im Anfang war ein Taubenschlag

Colmar

Was haben die Freiheitsstatue und der elsässische Satire-Zeichner Jean-Jacques Waltz, genannt »Hansi«, gemeinsam? Die Antwort lässt sich mit einem Wort geben: Colmar. Denn sowohl der Vater der »Liberty«, Frédéric Auguste Bartholdi, als auch Hansi stammen ursprünglich aus dieser Stadt, die mitunter als die elsässischste Stadt der Region bezeichnet wird. Tatsächlich ist Colmar auch ein starker Magnet für die Elsasstouristen. Allein das Unterlinden-Museum mit dem berühmten Grünewald-Altar gehört zu den meistbesuchten Frankreichs.

Colmar hat viel an mittelalterlicher und spätmittelalterlicher Kunst zu bieten – nicht nur im Unterlinden-Museum. Hier ein Detail von der Kathedrale Saint-Martin.

Spitzengotik: Die im 14. Jahrhundert entstandene St.-Martin-Kirche in Colmar gilt als eines der eindrucksvollsten gotischen Bauwerke des Elsass.

Publikumsmagnet: Der Isenheimer Altar lockt die meisten Besucher ins Unterlinden-Museum.

Eigentlich klingt es schon fast wie ein Witz, aber es stimmt: Der Name der Stadt, die im Laufe ihrer Geschichte abwechselnd mit »C« und mit »K« geschrieben wurde, leitet sich im Ursprung vom lateinischen Namen »Columbarium« her, und auf Deutsch könnte das mit etwas Humor durchaus als »Taubenschlag« übersetzt werden. Kaum ein Name passt besser angesichts der Besuchermassen, die durch die 70000-Einwohner-Stadt strömen.

Gründe für diesen Andrang gibt es gleich mehrere. Zum einen kann Colmar bei weit über 1700 Sonnenstunden im Jahr mit einem Klima aufwarten, das fast mit dem mediterraner Städte vergleichbar ist; zum anderen ist diese Stadt schon allein wegen ihres berühmten Unterlinden-Museums zu einer wahren Pilgerstätte kulturinteressierter Touristen geworden. Und weil man schließlich auch im Land der kulinarischen Freuden ist, konsumieren die Gäste Colmars natürlich auch Essbares. In Zahlen bedeutet das, dass die Gäste der Stadt laut Statistik rund ein Drittel der in Colmar verkauften Lebensmittel verfuttern.

Vergleichsweise spät taucht Colmar in den Geschichtsbüchern auf. Erst im 9. Jahrhundert entstand dort, wo die Vogesenflüsse Weiß und Fecht mit der Ill zusammentreffen, ein karolingisches Königsgut, das eben den Namen »Columbarium« erhielt. Aber es dauerte nicht lange, bis der Stadt eine wichtige Bedeutung für den Handel zukam.

Zumal der neue Taubenschlag an der Kreuzung zweier wichtiger Handelsrouten lag: an jener über den Vogesenkamm ins Jura und an der über Mulhouse bis nach Basel. Die Bedeutung der Siedlung wurde schon im Jahr 884 auch durch den ersten Hoftag unterstrichen, den Kaiser Karl III. hier abhielt. Sozusagen erwachsen wurde Colmar freilich erst viel später, nämlich unter dem Stauferkaiser Friedrich II., der im Jahr 1220 der inzwischen durch sichere Wälle geschützten Siedlung das Stadtrecht verlieh: ein wichtiger und zukunftsorientierter Schritt. Denn als die Staufer nur kurze Zeit später aus der Geschichtschronik gestrichen wurden, setzte der damalige Straßburger Bischof Walter von Geroldseck alles daran, Colmar seinem Einflussbereich einzuverleiben. Aber das Selbstbewusstsein im Taubenschlag war zu diesem Zeitpunkt schon gefestigt, und so schafften es die Bürger dieser Stadt zusammen mit ihrem Schultheiß, sich so lange zu wehren, bis der Habsburger Kaiser Rudolf das Ruder übernahm. Diese Politik und die Habsburgtreue stellten sich als Vorteil für alle heraus: Im Jahr 1278 erhielt Colmar eine Verfassung, die so weit reichende Rechte und große Privilegien beinhaltete, dass dem weiteren Aufstieg der Stadt zur freien Reichsstadt nichts mehr im Wege stand. Für den Rest, nämlich für den heute noch weithin sichtbaren Wohlstand, sorgten in den folgenden Jahrhunderten bis zum Dreißigjährigen Krieg zum einen der prosperierende Handel mit Wein und landwirtschaftlichen Produkten und zum anderen die geistige Ernte eines geschulten Humanismus. So leisteten sich die Stadtväter im Jahr 1575 auch den stolzen Luxus, sich zwar zur lutherischen Reformation zu bekennen, gleichzeitig aber auch die Klöster hinter ihren Mauern in aller demokratischen Selbstverständlichkeit weiter wirken zu lassen.

Das berühmteste dieser Klöster ist heute ein Museum. Oder andersherum: Das wegen seines ausgestellten Altars berühmteste Colmarer Museum war früher einmal ein Kloster. Beides gilt, und die Namen, die im Zusammenhang mit dem Museum fallen, sind so zahlreich, dass sie einen leicht verwirren könnten: Unterlinden-Museum heißt die Adresse, weil das Kloster, das den Rahmen bildet, im 13. Jahrhundert als Benediktinerinnenkloster »unter den Linden« gebaut wurde. Isenheimer Altar heißt das Exponat, das im Museum die größte Aufmerksamkeit auf sich zieht, weil dieser Altar im 16. Jahrhundert für das Antoniter-Hospiz in Isenheim gestaltet wurde; die beiden Schöpfer sind der Maler Mathias Grünewald und Nikolaus von Haguenau, der das Schnitzwerk für den Mittelteil vollbrachte. Ehrfürchtig wandeln die Besucher um die einzelnen Tafeln des Altars und versuchen, entweder selbst oder mithilfe der Erklärungen aus ihrem Museumskopfhörer sich in der schrillen Welt der gemalten Dämonen zurechtzufinden. Tumbe Fabelwesen, horrende Fantasiegestalten und mit dem Stock prügelnde Raubvogelmutanten plagen den heiligen Antonius auf einer der Tafeln. Daneben siecht unter Schmerzen ein Kranker dahin. Inter-

Der Storch ist das Wappentier des Elsass.

Titelgeschichte: Wer sich im Unterlinden-Museum mit dem Isenheimer Altar begnügt, ist selbst Schuld. Darüber hinaus lohnt sich auch ein Blick in den Klosterkreuzgang (oben) und den alten Weinkeller (rechte Seite).

pretationen zu den Visionen, die da Gestalt gefunden haben, gibt es viele, und je mehr es gibt, desto größer wird die Neugierde.

Lange Zeit haderten die Kunsthistoriker bei der Zuweisung der künstlerischen Hand. Von Albrecht Dürer war mitunter die Rede, von Hans Baldung Grien und eben von Mathias Grünewald. Wer war nun dieser Künstler, der mit seinem Werk so viele Rätsel aufgab? Ein Maler im Dienste des Mainzer Erzbischofs (Mathis Gothard Neithart), ein Bildhauer aus Frankfurt (Mathis Grün) oder ein Maler aus Belfort (Meister Mathis)? Der Komponist Paul Hindemith entschied sich im Jahr 1934, als er die skurrile Farb- und Motivkomposition des Altars in Musik umsetzte, für den Letzteren und nannte seine programmatische Symphonie schlicht »Mathis, der Maler«. Aber der Autor dürfte Hindemith dafür weniger wichtig gewesen sein als das Werk.

Wenigstens über die Entstehungszeit und den Auftraggeber ist man sich mehr oder weniger sicher. Irgendwann zwischen den Jahren 1510 und 1516 soll der Altar gemalt worden sein, und zwar für die Kapelle eines Hospitals, in dem unter anderem auch Patienten behandelt wurden, die an der durch Getreidepilze verursachten Mutterkorn-Vergiftung litten. Die Symptome dieser Krankheit waren offenbar fürchterlich: Halluzinationen, Wahn, grässliche Qualen – eben jene Zustände, die für die Visionen des Altars Modell standen. Im Museum sind die einzelnen Altartafeln heute getrennt voneinander aufgestellt, im Ursprung aber musste das Grauen erst Schritt für Schritt entblättert werden. Eine Leidensgeschichte in Rückblenden. Ansichtssache sozusagen. Von der Kreuzigung und Grablegung Christi auf dem geschlossenen Altar führt sie über Mariä Verkündigung, die Geburt Jesu und die Auferstehung bei der ersten Öffnung bis hin zu den Visionen und der Versuchung des heiligen Antonius auf den zweiten Flügeln. Erst an dieser Stelle öffnet sich auch die Tür zum Schrein mit den Schnitzarbeiten Nikolaus von Haguenaus. Wenn auch dieser Altar in der Kirche des Klosters unter

Bauernland: An manchen Stellen färben im Frühsommer die blühenden Mohnwiesen das sanfte Hügelland rot.

Romanisches Juwel: Aus dem 12. Jahrhundert stammt die Kirche St-Jacques, die ehedem zu einem Kluniazenserkloster gehörte.

Bernard Antony ist als Käsepapst über viele Grenzen berühmt. Der Duft der Kreationen, die er zusammen mit seinem Sohn (rechte Seite) reifen lässt, reicht bis in die hohen Häuser von Fürsten und Präsidenten.

Entschuldigen Sie«, sagte die Dame auf Französisch. »Sind Sie nicht der Maître de Fromage?«
In vielen Teilen der Welt hätte diese Anrede wohl seltsam geklungen. Aber hier und in diesem Fall war die Frage, ob der Mann nicht der »Herr des Käses« sei, durchaus ernst und ehrfüchtig gemeint. Dem Mann blieb an diesem Abend auch gar nichts anderes übrig, als freundlich und mit einem milden Lächeln seine Identität zu bestätigen.

»Oui, Madame«, sagte er. »Das bin ich«. Und dann folgte ein Gespräch, das sich so oder ähnlich auch zwischen der Vorsitzenden eines Hollywood-Fanklubs und einem Filmstar hätte abspielen können.
Szenenwechsel. Es ist ein Tag wie viele andere im Sundgau. Die Menschen gehen ihrer Arbeit nach, ein Traktor tuckert über die asphaltierte Straße, und die von Kühen bevölkerten Wiesen legen sich wie sanft gewellte Matten um die Wälder und plätschernden Bäche. Plötzlich wird die dörflich-ländliche Ruhe vom Knattern eines Hubschraubers unterbrochen. Es ist ein nobles Gerät, das da im Anflug ist. Auf einer flachen Wiese am Dorfrand lässt sich der Hubschrauber auf seinem gewohnten Landeplatz nieder. Eiligst steigt ein Mann aus, nimmt ein kleines Päckchen in Empfang, steigt wieder in den Hubschrauber und verschwindet so schnell, wie er gekommen ist.
Eine Geschichte aus einem Geheimdienstroman? Eine Aufnahme für ei-

nen Actionfilm? Nichts von alledem. Der Mann, der das Päckchen übergibt, heißt Bernard Antony, und der Hubschrauber ist in rein kulinarischer Mission unterwegs, denn irgendwo wartet ein Kunde auf einen guten Käse.

So verrückt es klingt, solche Szenen sind in dem kleinen stillen Dorf Vieux-Ferrette für niemanden mehr etwas Außergewöhnliches. Denn Bernard Antony ist weltweit die erste Adresse in Sachen Käse. Mehr noch: Wenn von diesem südlichsten Teil des Elsass die Rede geht, taucht immer wieder sein Name als Aushängeschild auf.

Tatsächlich ist der Sundgau, der wegen seiner vielen Kreuze, die am Wegesrand stehen, auch als Herrgottswinkel bekannt ist, vor allem eine Sache für Spezialisten. Das Wetter ist mitunter britisch, die Landschaft wohltuend unaufregend, und von den Reitsportfans einmal abgesehen, kommen vergleichsweise wenig Touristen hierher. Im Ergebnis sehen viele Sundgauer in ihren von zahlreichen Gartenzwergen bevölkerten Dörfern noch überrascht auf, wenn ein fremdes Auto vorbeizieht. Es sei denn, man befindet sich zur rechten Jahreszeit auf der »Route de la carpe frite«, der Karpfenstraße, oder eben in der Nähe von Vieux-Ferrette, wo Bernard Antony, der Meister des raffinierten Käses, zu Hause ist. »Ah oui, bonjour, grüezi«, sagt er mit Schweizer Diktion, als wir uns am späten Vormittag in seinem kleinen, unscheinbaren Laden zu erkennen geben. Sanft tönt klassische Musik durch den Raum. Ein paar Kunden stehen vor der Vitrine und kosten sich durch seine Spezialitäten. Viele von ihnen sind dafür von weit her angereist, und Antony will ihnen seine volle Aufmerksamkeit nicht schuldig bleiben. »Fühlen Sie sich wie zu Hause«, sagt er, und weil er weiß, worauf es die meisten Journalisten abgesehen haben, öffnet er uns die Tür zu der Schatzkammer, die hinter ihm liegt. Auf einen Paukenschlag macht sich eine wahre Symphonie olfaktorischer Noten bemerkbar. Verteilt auf viele Holzregale reifen in den kühlen Kammern die verschiedensten Käsesorten vor sich hin. Chévre, Brie, Camembert, Comté …

»Das ist der absolute Wahnsinn«, schwärmt Udo Bernhart zwischen einem Foto und dem nächsten und umklammerte seine Kamera noch fester, um nicht in Versuchung zu geraten. Das Beste trägt Antony in seinem Lager zusammen. Aus der Auvergne am liebsten und von den Pyrenäen. Insgesamt sind es vielleicht 40 Kleinhändler in ganz Frankreich, bei denen der Spezialist die Grundsubstanzen einkauft. Eine handverlesene Gruppe, ein echtes Vertrauensverhältnis, das im Lauf von vielen Jahren entstanden ist.

»Jeder Einzelne von ihnen ist ein Künstler auf seinem Gebiet«, erklärt Antony, nachdem er seine Kunden bedient hat. »Ihre Produkte sind wahre Kostbarkeiten, und ich lasse sie in meinen speziell eingerichteten Kellern ausreifen.«

Darin liegt die Kunst, für die Antony berühmt ist. Auf den reinen Geschmack des Käses komme es nämlich an, sagt er, der wenig hält von jenen Kollegen, die mit gewagten Gewürzkombinationen oder eigenen Rezepten an den Käse herangehen. Das hieße, den ursprünglichen Geschmack zu verfälschen: »Wer einen Camembert mit Walnüssen will«, so Antony, »der kann ja in den Supermarkt gehen, wo der Käse spätestens durch das Einschweißen in seine Plastikhülle das Zeitliche endgültig gesegnet hat.«

Die Geschichte von Antonys Werdegang ist auf ihre Art eine typische Geschichte des Sundgaus, und in jedem Fall hat sie schon fast legendäre Züge. Alles begann vor ein paar Jahrzehnten, als Antony noch mit einem mobilen

Wohltuend:
Das Wetter ist mitunter britisch, die Landschaft wohltuend unaufgeregt im Herrgottswinkel Sundgau.

Produktmanagement: Joachim Hellmuth
Textlektorat: Solveig Michelsen
Graphische Gestaltung: VerlagsService Dr. Helmut Neuberger & Karl Schaumann GmbH, Heimstetten
Karte: Elsner & Schichor, Karlsruhe
Herstellung: Bettina Schippel
Repro: Repro Ludwig, Zell am See
Printed in Slovenia by MKT Print, Ljubljana

Für Hinweise und Anregungen sind wir dankbar. Zuschriften an den:
Bruckmann Verlag, Produktmanagement,
Postfach 400209,
D-80702 München,
E-Mail: lektorat@bruckmann.de

Bildnachweis:
Alle Abbildungen stammen von
Udo Bernhart

Bildnachweis
Umschlagvorderseite: Elsass Weinstraße, Kayserberg an der Weiss
Umschlagrückseite: Sauerkraut ist das elsässische »Nationalgericht«

Die Deutsche Nationalbibliothek – CIP-Einheitsaufnahme
Ein Titelsatz für diese Publikation ist bei Der Deutschen Nationalbibliothek erhältlich

ISBN 978-3-7654-5089-1